ଝର୍କା ଖୋଲାଥାଉ

ସତ୍ୟ ପଟ୍ଟନାୟକ

ବ୍ଲାକ୍ ଇଗଲ୍ ବୁକ୍ସ
ଭୁବନେଶ୍ୱର, ଓଡ଼ିଶା

BLACK EAGLE BOOKS
Dublin, USA

ଝର୍କା ଖୋଲାଥାଉ / ସତ୍ୟ ପଟ୍ଟନାୟକ

ବ୍ଲାକ୍ ଇଗଲ୍ ବୁକ୍ସ : ଭୁବନେଶ୍ୱର, ଓଡ଼ିଶା ● ଡବ୍ଲିନ୍, ଯୁକ୍ତରାଷ୍ଟ୍ର ଆମେରିକା

 BLACK EAGLE BOOKS

USA address:
7464 Wisdom Lane
Dublin, OH 43016

India address:
E/312, Trident Galaxy, Kalinga Nagar,
Bhubaneswar-751003, Odisha, India

E-mail: info@blackeaglebooks.org
Website: www.blackeaglebooks.org

First International Edition Published by
BLACK EAGLE BOOKS, 2024

JHARKA KHOLA THAU
by **Satya Pattanaik**

Copyright © **Satya Pattanaik**

All rights reserved. No part of this publication may be reproduced, stored in a retrieval system, or transmitted, in any form or by any means, electronic, mechanical, photocopying, recording or otherwise without the prior permission of the publisher.

Cover & Interior Design: Ezy's Publication

ISBN- 978-1-64560-626-0 (Paperback)

Printed in the United States of America

'ଝର୍କା ଖୋଲାଥାଉ' ପାଇଁ ପ୍ରଶଂସୋକ୍ତି

'ଝର୍କା ଖୋଲାଥାଉ'ର ପ୍ରତ୍ୟେକଟି କବିତାରେ ସରଳତା କେତେ ଅନ୍ତଃସ୍ପର୍ଶୀ। ଆଉ ସମ୍ପୂର୍ଣ୍ଣ ଭାବରେ ନିଜସ୍ୱ ଶୈଳୀରେ ତାହା ସମୃଦ୍ଧଶାଳୀ। ଯିଏ ନିଜ ଅନ୍ତରରୁ ଝରାଏ କବିତାର ଶବ୍ଦରାଶି, ସିଏ କାହାକୁ ଅନୁକରଣ କରିବାର ଆବଶ୍ୟକ ପଡ଼େନା। ସ୍ୱତଃସ୍ଫୂର୍ତ୍ତ ଭାବରେ ସୃଷ୍ଟି ହୋଇଯାଏ ପ୍ରକାଶଭଙ୍ଗୀର ଏକ ହୃଦୟସ୍ପର୍ଶୀ କଥନ-ରୀତି।

ପ୍ରଫେସର ମଣୀନ୍ଦ୍ର କୁମାର ମେହେର
ପୂର୍ବତନ ବିଭାଗ ମୁଖ୍ୟ, ସ୍ନାତକୋତ୍ତର ଭାଷା ଓ ସାହିତ୍ୟ ବିଭାଗ
(ଓଡ଼ିଆ, ଇଂରାଜୀ ଓ ଉର୍ଦ୍ଦୁ), ଫକୀରମୋହନ ବିଶ୍ୱବିଦ୍ୟାଳୟ, ବାଲେଶ୍ୱର

■

'ଝର୍କା ଖୋଲାଥାଉ' କବିତା ସଂକଳନର ଅନ୍ତରଙ୍ଗ ରୂପକାର କବି ସତ୍ୟ ପଟ୍ଟନାୟକ ଚିହ୍ନଟ କରିପାରନ୍ତି ନିଘନ ଅନ୍ଧାର ମଧ୍ୟରେ ସଘନ ଅନ୍ଧାରକୁ ପୁଣି ଅନ୍ଧାର ତଳର ବହୁମୁଖୀ ପରିତଳୀୟ ଅନ୍ତର୍ସଂପୃକ୍ତିକୁ। ସେ ଗଣିପାରନ୍ତି ପକ୍ଷୀର ଉତ୍ତୁଙ୍ଗ ଚଳମାନତାକୁ ପୁଣି ପକ୍ଷୀର ଡେଣାରେ ଖଞ୍ଜା ଯାଇଥିବା ଅର୍ଥର ସ୍ୱୟଂକ୍ରିୟତାକୁ। ସେ ପୁଣି ଅନୁସନ୍ଧାନ କରିପାରନ୍ତି ତଥାକଥିତ ଯୁଦ୍ଧଖୋର ଡେଷ୍ଟୋପିଆନ୍ ବିଶ୍ୱର ଅନନ୍ତ ଅନ୍ତରାଳରେ ଚେକାମାରି ଶୋଇଥିବା ୟୁଟୋପିୟାନକୈନ୍ଦ୍ରିକ ମାନବପଣକୁ। ସତ୍ୟ ପଟ୍ଟନାୟକ ପ୍ରେମ ଗାଆନ୍ତି; ଗୀତ ଆଙ୍କନ୍ତି; ପୁଣି ଝିଅର ଉପସ୍ଥିତି ଏବଂ ଅନୁପସ୍ଥିତିର ଦ୍ୱୈତ ସଂଯୋଗ ଏବଂ ସହଯୋଗର ବାରିଧାରା ଭିତରେ ଫୁଲଫୁଟାଇ ପାରନ୍ତି ପୁଣି ଫୁଲ ମଉଳାଇ ମଧ୍ୟ ପାରନ୍ତି। ତାଙ୍କ କବିତାରେ ଭୀମ ଭୋଇଙ୍କ ମାନବତାବାଦୀ ସିମ୍ଫୋନୀ ଓ ବ୍ୟାସକବିଙ୍କ ଭାଷା ସଂପ୍ରୀତିର ସଂଧ୍ୱନି ଧୀରେ ଧୀରେ ସଞ୍ଚରିତ ହେଇ ସକଳ ଭୂଗୋଳ ଏବଂ ଇତିହାସକୁ ଭେଦକରି ମାକଡୋନାଲ୍ଡ ଆଉ ନ୍ୟୁୟର୍କର ଟାଇମ ସ୍କୋୟାରରେ ବିକେନ୍ଦ୍ରିତ ହେଇଯାଏ। ତାପରେ ପିଆନୋରୁ ଗାନ ଶୁଭେ; ପାର୍ସୀ ରମଣୀର ପ୍ରଣୟରେ ଆହତ ହୁଏ ଆମେରିକୀୟ ଦୁର୍ଦ୍ଧର୍ଷ ସୈନ୍ୟ। ତା'ପରେ ଧାଡ଼ିଏ ନିରୋଳ କବିତା ନିବେଦିବା ପାଇଁ ଚାଖଣ୍ଡେ ଭୂମି ଖୋଜାହୁଏ । କବି ସତ୍ୟ ପଟ୍ଟନାୟକ ଶବ୍ଦାସ୍ତ୍ରରେ ଦାରୁଣ ଦର୍ପଣମାନଙ୍କ ଦେହରେ ଦାଗସୃଜି ପ୍ରତିଛବି ଫୁଟାନ୍ତି। ସେଇ ପ୍ରତିଛବିର ପ୍ରତିସ୍ପର୍ଦ୍ଧିତ ଓଁକାର ଧ୍ୱନି ଛନ୍ଦେ ଛନ୍ଦେ ତୁମେ ଆସ; ପଡୋଶୀ ଆସନ୍ତି; ଆସନ୍ତି ଇମିଗ୍ରାଣ୍ଟ; ଆସନ୍ତି ରେଡମଣ୍ଡମାନେ; ଆସେ ସ୍ୱର୍ଣ୍ଣମୃଗ। ଓଃ !!! ଅତୀତ ନିଷ୍ପ୍ରଭ ହେଇଯାଏ; ତୁଷାର କଣିକାସବୁ ମାନହାଟରେ ସନ୍ଧ୍ୟା ନଇଁଗଲା ପରେ ପରେ ଲାସ୍ୟରଚନ୍ତି। ୱିକ୍ ଏଣ୍ଡ୍ ଆଉ ଡିସେମ୍ବର ମାସର

କଅଁଳ ଖରାର ତାତିରେ ଜେନିଫର ଆନମନା ହୋଇଉଠେ। ନୂଆ ବର୍ଷର ଇତିହାସ ରଚନା କରାଯାଏ । କଥା ସରିଯାଏ। ସତ୍ୟ ପଟ୍ଟନାୟକଙ୍କ କବିତାରେ ଆଖି କଥା କହେ ପୁଣି କଥା କହୁ ନଥିବା ଆଖିଟେ ଆତ୍ୟନ୍ତିକ ବାସ୍ତବତାର ଦାଢ଼ରେ ଅନ୍ଧ ପାଲଟିଯାଏ । ସ୍ୱନ-ରୂପ-ଶବ୍ଦ-ବାକ୍ୟମାନେ ଚିତ୍ର-ବସ୍ତୁ-ଅବଧାରଣାର ପାରିଧି ଶେଷ କରି 'ଝର୍କା ଖୋଲାଥାଉ'ର ଝରକା ଦେଇ ମୁହୂର୍ତ୍ତାୟନତା ଅର୍ଜନ କରନ୍ତି। ସେଇଠୁ କୋଟି କୋଟି ପୃଥିବୀ ଗୋଟିଏ ପୃଥିବୀରେ ରୂପାନ୍ତରିତ ହେଇଯାଏ। ନବ ଚେତନାର ଉନ୍ମେଷ ଘଟେ। କବିତା ହେଇଯାଏ ଜୀବନ। ଜୀବନ ହେଇଯାଏ କବିତା। କବି ପାଲଟି ଯାଏ ପାଠକ। ପାଠକ ପାଲଟି ଯାଏ ବିଶ୍ୱାୟନ....ବାସ୍...!!!

ଡକ୍ଟର ରବୀନ୍ଦ୍ର କୁମାର ଦାସ,

ଆସୋସିଏଟ୍ ପ୍ରଫେସର, ଓଡିଆ ବିଭାଗ, ବିଶ୍ୱଭାରତୀ, ଶାନ୍ତିନିକେତନ

ଭୋର୍ ଆକାଶରୁ ଝରିପଡୁଥିବା ରାଶିରାଶି ଆଲୋକକଣିକା ପୋଛିନିଅନ୍ତି ସକଳ ବେଦନା ଓ କୃଷ୍ଣ ଅବସାଦର ହାୟ! ନିଃସଙ୍ଗତା -ନୀରବତାର ଦୁଃଖପଦୀକୁ ଅତିକ୍ରମି ନିଜଭିତରେ ନିଜେ ଆଶାବରୀ ତୋଳୁଥିବା କବିଟେ ସାଉଁଟିବସେ ନିଃଶବ୍ଦରେ କ୍ଷୟମାଣ ମୁହୂର୍ତ୍ତଙ୍କୁ । ସେ ବି ସ୍ୱପ୍ନର ଶାୟରୀ ଆଉ ପ୍ରେମର ଗଜଲ୍ ଲେଖେ। ଜାଙ୍ଗୁଲୁ ଜାଙ୍ଗୁଲୁ ଅନ୍ଧାର ପରେ ନିଗିଡି ଆସୁଥିବା ମୁଠାଏ ଜ୍ୟୋସ୍ନା - ଆକାଶର ଅପହଞ୍ଚ ଛାୟାପଥ ଆଡୁ ମୁକୁଳି ଆସୁଥିବା ମୃଦୁମନ୍ଦ କସ୍ତୁରୀର ଅପେକ୍ଷାରେ ସ୍ୱର୍ଣାତୁର କବି ନିରେଖି ଚାହିଁଥାଏ ଆଗକୁ - ଆଗକୁ। ଅସ୍ପଷ୍ଟରେ ଉଚ୍ଚାରଣ କରେ- 'ଝର୍କା ଖୋଲାଥାଉ'।

ଡକ୍ଟର ସଂଘମିତ୍ରା ଭଞ୍ଜ

ସହାୟକ ପ୍ରଫେସର ଓ ବିଭାଗ ମୁଖ୍ୟ, ଓଡ଼ିଆ ଭାଷା ଓ ସାହିତ୍ୟ ବିଭାଗ, ରମାଦେବୀ ବିଶ୍ୱବିଦ୍ୟାଳୟ, ଭୁବନେଶ୍ୱର

ଖୋଲା ଝରକାରୁ ଦିଗ୍‌ବଳୟ ଯାଏଁ ପ୍ରଲମ୍ବିତ ଆକାଶ ଓ ପୃଥିବୀର ମିଳନ ଅସରନ୍ତି ପରି କବି ସତ୍ୟ ପଟ୍ଟନାୟକଙ୍କ କାବ୍ୟ ମାନସ ଦିଗନ୍ତ ବିସ୍ତାରି ଓ ସ୍ୱର ପ୍ରଖର। ଚଳନ୍ତି କାଳଖଣ୍ଡରେ ସମୟ ସଚେତନ ହୋଇ ଭୋଗୁଥିବା ପୃଥିବୀର ଯୁଗଯନ୍ତ୍ରଣାରେ ସିକ୍ତ ହୋଇ ପାଠକକୁ ବିମୁଗ୍ଧ କାରବାର ଅଭିନବ ପ୍ରୟାସରେ ସୁସ୍ଥ ବାତାୟନ ହେଉଛି 'ଝର୍କା ଖୋଲା ଥାଉ'।

ଡକ୍ଟର ସୁଜ୍ଞାନୀ କୁମାରୀ ସାହୁ

ସହାୟକ ପ୍ରଫେସର, ଓଡ଼ିଆ ଭାଷା ଓ ସାହିତ୍ୟ ବିଭାଗ, ଶୈଳବାଳା ମହାବିଦ୍ୟାଳୟ, କଟକ

ଆମେରିକାର ପାଣିପବନ ବଞ୍ଚିବାର ଖୋରାକ ଯୋଗାଇଲେ ବି ଜଣେ ଖାଣ୍ଟି ଓଡ଼ିଆ ଭାବରେ ଅନ୍ତରତମ ପ୍ରଦେଶରୁ ଗାଁ ମାଟି, ଆତ୍ମୀୟସ୍ୱଜନଙ୍କୁ ହଜେଇ ପାରିନାହାନ୍ତି ଯାହାର ପରିପ୍ରକାଶ 'ଝର୍କା ଖୋଲା ଥାଉ'। ଆଖି ଖୋଲା ଥିଲେ ବିଶ୍ୱକୁ ଦେଖିବାର ଅନୁଭବ ରହିଥାଏ। ଏ ଝର୍କା ମୁକ୍ତ ମନର ସଂକେତ। ଅନୁଭବ ମଣିଷକୁ ବଞ୍ଚିବା ଜୀବନଧାରାର ଗୀତି ଶୁଣାଏ।

ପ୍ରଫେସର ଜ୍ୟୋତ୍ସ୍ନା ଦାସ
ରିଟାୟାର୍ଡ ଆସୋସିଏଟ୍ ପ୍ରଫେସର,
ରମାଦେବୀ ମହିଳା ବିଶ୍ୱବିଦ୍ୟାଳୟ, ଭୁବନେଶ୍ୱର

■

କବି ସତ୍ୟ ପଟ୍ଟନାୟକ 'ଝର୍କା ଖୋଲା ଥାଉ' କବିତା ଗ୍ରନ୍ଥଟି ସମକାଳର ଓଡ଼ିଆ କବିତାଧାରାରେ ଏକ ଅପୂର୍ବ ବ୍ୟତିକ୍ରମ ଉଭୟ ଭାବ ଓ ଶିଳ୍ପକଳା ଦୃଷ୍ଟିରୁ। ବେଦୁଇନ୍ ଦେଶର ବୁଲ୍‌ବୁଲ୍ ପରି ତାଙ୍କ କାବ୍ୟନାୟକ ଓଡ଼ିଶାର ପଲ୍ଲୀ ସକାଳଠୁ ମାନ୍‌ହାଟାନ୍‌ର ସନ୍ଧ୍ୟାଯାଏ ପୃଥିବୀର ବହୁ ବର୍ଣ୍ଣିଳ ସ୍ୱପ୍ନ ଓ ବାସ୍ତବତାର ଭୂଖଣ୍ଡର ଅନ୍ୱେଷଣ କରିଛନ୍ତି। ଏ ସଂକଳନର ପ୍ରତିଟି କବିତା ପାଠକକୁ ଆହ୍ଲାଦିତ କରିବ।

ଶ୍ରୀକାନ୍ତ କୁମାର ବାରିକ
ସହକାରୀ ପ୍ରଫେସର, ଓଡ଼ିଆ ବିଭାଗ, ଆଦର୍ଶ ସ୍ନାତକ ମହାବିଦ୍ୟାଳୟ ନୂଆପଡ଼ା

■

ନିଚ୍ଛକ ବର୍ଣ୍ଣନା ପରିପାଟୀର ଭାବାଦର୍ଶ ଅତୀବ ରୋମାଞ୍ଚକର ତଥା ହୃଦୟସ୍ପର୍ଶୀ। ଭାତହାଣ୍ଡିରୁ ଗୋଟିଏ ଭାତ ଚିପିଲା ପରି ତାଙ୍କର ସମୂହ କବିତାଗୁଡ଼ଇକ ପାଠକମାନଙ୍କ ପ୍ରାଣରେ ଗଭୀର ଆଲୋଡ଼ନ ସୃଷ୍ଟି କରିଥାଏ। ଏତଦ୍‌ବ୍ୟତୀତ କବିଙ୍କ ଜାତୀୟତାବାଦୀ ମାନସିକତା ଉଙ୍କି ମାରିଛି ତାଙ୍କ କବିତା ମଧ୍ୟରେ। କବି ସତ୍ୟ ପଟ୍ଟନାୟକ ଜଣେ ଉଦ୍ୟୋକ୍ତା, ରସପିପାସୁ ତଥା ମାଧୁର୍ଯ୍ୟବନ୍ତ ବ୍ୟକ୍ତି ଭାବେ ଜଣାପଡ଼ନ୍ତି।

ଡକ୍ଟର ଚୌଧୁରୀ ପ୍ରଦୀପ୍ତ କୁମାର ଦାସ
ଭିଜିଟିଂ ପ୍ରଫେସର, ରମାଦେବୀ ମହିଳା ବିଶ୍ୱବିଦ୍ୟାଳୟ
ସ୍ନାତକୋତ୍ତର ଓଡ଼ିଆ ଭାଷା-ସାହିତ୍ୟ ବିଭାଗ

■

ଅପୂର୍ବ ଭାବାବେଗରେ ପ୍ରକାଶିତ କବିତାଗୁଡ଼ିକ ଅତ୍ୟନ୍ତ ଉଚ୍ଚକୋଟୀର ଓ ହୃଦୟସ୍ପର୍ଶୀ। ଯାହା ଘେନି କବିତା ସଫଳତା ଲାଭ କରେ। ସେଇ ସବୁ ଗୁଣ ଓ ଲକ୍ଷଣ ତାଙ୍କ କବିତାରେ ପ୍ରତିଭାତ।

ଡକ୍ଟର ଶୁକମୁନି ମେହେର
ଆସିଷ୍ଟାଣ୍ଟ୍ ପ୍ରଫେସର, ସମ୍ବଲପୁର ୟୁନିଭର୍ସିଟି, ସମ୍ବଲପୁର

"ସେ ବୁଝନ୍ତି ଗରିବ ଝିଅର ମନ। ସେଥିପାଇଁ ସେ ଶୁଣିପାରନ୍ତି ତା ଭିତରର ଦୁଃଖ, ଆଶା ଓ ଆକାଂକ୍ଷାକୁ। ଧାଡ଼ିଏ ନିରୋଳା କବିତାପାଇଁ ସେ ଢେଙ୍କାନାଳ ଗାଁରୁ ଡବଲିନର ବରଫଭିଜା ରାସ୍ତାରେ ବୁଲନ୍ତି। ସେ କ୍ରୀତଦାସର ବ୍ୟଥାଠୁ ସ୍ୱର୍ଣ୍ଣମୃଗର ପାରିଧି ଯାଏ କେବଳ ଖୋଜୁଥାନ୍ତି ନିଜକୁ। କବିତାର କଳା ଶିଖିଥିବା କ୍ୱି ସକଳ ଆବେଗକୁ ସାଉଁଟିବା ପାଇଁ ଇଚ୍ଛା କରି ଖୋଲି ଥାଏ ତାର ହୃଦୟ। ସେଥିପାଇଁ ତ ସେ ଲେଖିବସେ - 'ଝର୍କା ଖୋଲାଥାଉ'।

ଡକ୍ଟର ରେବତୀ ମୁଦୁଲୀ
ସହାୟକ ପ୍ରଫେସର, ଓଡ଼ିଆ ଭାଷା ଓ ସାହିତ୍ୟ ବିଭାଗ, ଅଳକା ମହାବିଦ୍ୟାଳୟ, ଜଗତ୍‌ସିଂହପୁର

■

ସଙ୍କଳନର ଆଠଟି ବିଭାଗ; ମୁଖ୍ୟତଃ ଆଠଟି ଦିଗର ବାହକ। ଉଭୟ ଆଙ୍ଗିକ ଓ ଆତ୍ମିକ ବୈଚିତ୍ର୍ୟ ପ୍ରଖ୍ୟାପନରେ କବିଙ୍କ ସଚେତନ ପ୍ରୟାସ ସୁସ୍ପଷ୍ଟ ତଥା ସୁସମନ୍ୱୟ। କବିତାର କଳା, ସନେଟ୍ ଓ ଛନ୍ଦ ଆଦି ବିଭାଗ କଳାପକ୍ଷକୁ ପ୍ରତିନିଧିତ୍ୱ କରୁଥିବାବେଳେ ଅନ୍ୟଦେଶ, ଗରିବ ଝିଅର ଗୀତ, ନୀରବତାର ସ୍ୱର ପ୍ରଭୃତିରେ ଭାବପକ୍ଷ ପ୍ରତିବିମ୍ବିତ।

ଡକ୍ଟର ବିଶ୍ୱନାଥ ସାହୁ
ସହାୟକ ପ୍ରଫେସର, ଓଡ଼ିଆ ଭାଷା ଓ ସାହିତ୍ୟ ବିଭାଗ
ବରପାଲି ମହାବିଦ୍ୟାଳୟ, ବରପାଲି

■

କବି ସତ୍ୟ ପଟ୍ଟନାୟକ ତାଙ୍କ ଚେତନାର ମା' ମାଟିକୁ ପ୍ରତି ମୁହୂର୍ତ୍ତରେ ଅନ୍ତର୍ବୋଧ କରୁଛନ୍ତି। ଏହି କବିତା ସମୂହ କବିଙ୍କର ଆତ୍ମଲିପିର ସୃଜନଶୀଳ ପ୍ରତିକ୍ରିୟା ଅଟେ। ବିଦେଶ ମାଟିରେ ଥିବା ଆମର ଗର୍ବ ଓ ଗୌରବ ବାର୍ତ୍ତାବହ କବି ସତ୍ୟ ପଟ୍ଟନାୟକଙ୍କ ଓଡ଼ିଆ ପ୍ରୀତି ସର୍ବଦା ଉଜ୍ଜ୍ୱଳମୟ ତଥା ତାଙ୍କର କବିପ୍ରାଣ ତେଜୋଦୀପ୍ତ ହେଉ ଏହା ହିଁ ଜଗନ୍ନାଥଙ୍କ ନିକଟରେ କାମନା।

ଡକ୍ଟର ରଶ୍ମି ଦାସ
ସେଣ୍ଟ୍ ଜାଭିୟର ଇଣ୍ଟରନ୍ୟାସନାଲ୍ ସ୍କୁଲ୍, ପଟିଆ, ଭୁବନେଶ୍ୱର

■

ମଣିଷ ଜୀବନର ସ୍ଥିତାବସ୍ଥାକୁ ନେଇ ସେ ବେଶ୍ ଆଶ୍ୱସ୍ତ। ବିଶେଷକରି ମାଟି ମୋହରେ କବିପ୍ରାଣ ବେଶ୍ ପୁଲକିତ। ତେଣୁ ଏ ମାଟି ଓ ମଣିଷମାନେ ତାଙ୍କ କବିତାର ମୁଖ୍ୟ ଉପଜୀବ୍ୟ। ଏହି ପର୍ଯ୍ୟାୟରେ ମାୟାମନସ୍କ କିମ୍ବା ମୋହମନସ୍କ କେବଳ ନୁହେଁ କବିପ୍ରାଣ; ଅଧିକନ୍ତୁ ମାଟିମନସ୍କ ହିଁ ତାଙ୍କ

କବିତାର ଆତ୍ମକଥା। ଏବଂ ପୂର୍ବସୂରୀଙ୍କର ଗତାନୁଗତିକ ପଦାଙ୍କ ଅନୁସରଣ ନୁହେଁ ବରଂ ଗୋଟିଏ ନବ ଦିଗନ୍ତର ଉନ୍ମୋଚନ ସହିତ କବିତାକୁ ନୂଆ ଦିଶା ଦେବାର ଉପକ୍ରମ।

ଡକ୍ଟର ସୋନାଲୀ ସାହୁ
ଅଧ୍ୟାପିକା, ସ୍ନାତକୋତ୍ତର ଓଡ଼ିଆ-ଭାଷା ସାହିତ୍ୟ ବିଭାଗ
ରମାଦେବୀ ମହିଳା ବିଶ୍ୱବିଦ୍ୟାଳୟ, ଭୁବନେଶ୍ୱର

■

'ଝର୍କା ଖୋଲାଥାଉ' ସଙ୍କଳନର ପ୍ରତିଟି କବିତା ବେଶ୍ ହୃଦୟସ୍ପର୍ଶୀ ଓ ମନଛୁଆଁ। ପ୍ରକୃତରେ ମୁଁ ଯଦି ଜଣେ ସମାଲୋଚକ ହୋଇଥା'ନ୍ତି, ତା'ହେଲେ ତ ମୋର ଭିତରୁ ଶବ୍ଦ ସରିଯାଇଥା'ନ୍ତା ପଛକେ ଏହାକୁ ନେଇ ବର୍ଣ୍ଣନାର ଅନ୍ତ ହୋଇ ନଥା'ନ୍ତା। ହେଲେ, ମୁଁ ସମାଲୋଚକ ନୁହେଁ, କବି ବି ନୁହେଁ। ଗୋଟିଏ ପାଠକର ମନସ୍କତା ନେଇ ମୁଁ ସଙ୍କଳନର ସାମଗ୍ରିକ ରୂପକୁ ଯେତିକି ବୁଝିଛି, ତାହା ହେଉଛି - ପ୍ରେମର ଏକ ନିର୍ଭେଜାଲ୍ ଇସ୍ତାହାର।

ଚିତ୍ତରଞ୍ଜନ ଚିରଞ୍ଜିତ
ଦେଉଳପଡ଼ା, କେନ୍ଦ୍ରାପଡ଼ା

■

କବିଙ୍କ ସମସ୍ତ କବିତାକୁ ଅନୁଧ୍ୟାନ କଲେ ଏକ ଅନ୍ତର୍ଦୃଷ୍ଟିର ବିସ୍ତୃତ ଅନୁଭବ ହୋଇଛି କବିଙ୍କ 'ଝର୍କା ଖୋଲା ଥାଉ' କବିତା ସଂକଳନ। ପରିବର୍ତ୍ତିତ ପୃଥିବୀର ଦୃଷ୍ଟିକୋଣକୁ ନେଇ ପ୍ରତ୍ୟେକ କବିତା ବର୍ତ୍ତମାନର ପ୍ରତିଛବି। ପ୍ରକାଶ ଶୈଳୀରେ ରହିଛି ନୂତନତା ଓ ଜୀବନକୁ ଅନୁଭବ କରିବା ପାଇଁ ନାନା ପ୍ରତୀକ, ଚିତ୍ରକଳ୍ପର ମାଧ୍ୟମରେ ଭାବନାକୁ କଳାତ୍ମକ ଭାବରେ କରିଛନ୍ତି ଉପସ୍ଥାପନ। ସରଳ ସାବଲୀଳ ଶବ୍ଦ ସଂଯୋଜନାରେ କବିତାଗୁଡ଼ିକ ବେଶ୍ ଆବେଗଧର୍ମୀ ଓ ବୁଦ୍ଧିଦୀପ୍ତ। ଭାବନାର ଆତ୍ମମଗ୍ନତାରେ କବି ପ୍ରତିଟି ହୃଦୟକୁ ସ୍ପର୍ଶ କରିଛନ୍ତି। ଘଟଣା ବିଶେଷ ଦ୍ୱାରା ପ୍ରଣୋଦିତ ହୋଇ ନ ଥିଲେ ପ୍ରକୃତରେ ଏସବୁ କବିତାର ବାସ୍ତବ ରୂପ ପ୍ରକାଶ ପାଇ ନ ଥାନ୍ତା। ଅପରୂପ ପ୍ରକୃତିର ବୈଚିତ୍ର୍ୟମୟ ବର୍ଣ୍ଣାଢ଼୍ୟ ରୂପ ସହ ଦାରିଦ୍ର୍ୟ ଜନର ହତଶ୍ରୀ ରୂପ ମଧ୍ୟ ଦେଖିବାକୁ ମିଳିଛି। ଗ୍ରାମ୍ୟଜୀବନ ପ୍ରତି ମୋହ, ଦଳିତ ମଣିଷମାନଙ୍କ ପ୍ରତି ସମ୍ବେଦନା, ଈଶ୍ୱର ବିଶ୍ୱାସ, ମାନବତା ପ୍ରତି ଆସ୍ଥା ସ୍ଥାପନ କବିଙ୍କ କବିତାକୁ ଅଧିକ ସଫଳ ତଥା ସମୟ ସଚେତନ କରିଦେଇଛି।

ଡକ୍ଟର ନିବେଦିତା ପଣ୍ଡା
ଶୈଳଶ୍ରୀ ବିହାର, ଏଚ୍.ଆଇ.ଜି.-୧୨୫, ଚନ୍ଦ୍ରଶେଖରପୁର, ଭୁବନେଶ୍ୱର

ଅଭିବ୍ୟକ୍ତିରେ ସରଳ ଓ ସଂରଚନାରେ ସଂଯମତା ଏ କବିଙ୍କର କବିତାର ମୁଖ୍ୟ ବୈଶିଷ୍ଟ୍ୟ। ପୁଣି ଦୁଃଖ, ଅସହାୟତା, ଦେଶ- ଦେଶାନ୍ତର, ଝିଅ ଓ କବିତା ପରି ବିବିଧ ବିଷବସ୍ତୁକୁ ଭାବରୂପ ଦେବାରେ ଦକ୍ଷ ଏ କବି ଯେମିତି ଯୁଦ୍ଧ ଘୋଷଣା କରନ୍ତି ଜୀବନର ସକଳ ନକାରାତ୍ମକ ଉପାଦାନ ବିରୁଦ୍ଧରେ। ଭାଙ୍ଗିଯିବା କି ହାରିଯିବା ନୁହେଁ ଆଶା ଓ ସ୍ୱପ୍ନ ହିଁ ଯେମିତି ଏ କବିତାସବୁର ମୂଳ ସ୍ୱର।

ଦିପୁନ୍ ପୁହାଣ

ଅଧ୍ୟାପକ, ସାହାସପୁର କଲେଜ, ବାଲିଚନ୍ଦ୍ରପୁର, ଯାଜପୁର

କବିତାରେ ଏକ ଉଜାଣି ସ୍ରୋତ ଗତିଶୀଳ। କବି ଆମେରିକାନ୍ ନା ଖାଣ୍ଟି ଓଡ଼ିଆ? ସେଥିପାଇଁ ତ ଚମତ୍କାର 'ଇମିଗ୍ରାଣ୍ଟ' କବିତା। କବିତାର Diction ଭିତରେ ବିଧୃତି ହୋଇଛି, କେଉଁ ପ୍ରାଗ୍ଐତିହାସିକ ଛାପ ଥିବା ଏକ ପରିବ୍ରାଜକର। ତୁମେ ଯାହା ପ୍ରକାଶ କରିବ ବା ଭାବାନ୍ତରର ପ୍ରତିକ୍ଷଣରେ ଯାହା ନିର୍ଦ୍ଧାରଣ କରିବ, ତାହା ନିରାଟ ଅସତ୍ୟ। ମୁଁ ଋତୁ ପରି, ମୋର କିଛି ପ୍ରତିବନ୍ଧକ ନାହିଁ, ସଂପୂର୍ଣ୍ଣ Confessional। ମୋର କାରିଗରୀ ପରିବ୍ୟାପ୍ତ ଭାସ୍କର୍ଯ୍ୟରୁ - ଅର୍ଥନୀତି, ସୃଜନରୁ - ସର୍ଜନା, ପ୍ରାଜ୍ଞରୁ - ପ୍ରଜ୍ଞା।

ଜ୍ୟୋତି ସାହୁ

ଗବେଷିକା, ରମାଦେବୀ ବିଶ୍ୱବିଦ୍ୟାଳୟ, ଭୁବନେଶ୍ୱର

ସ୍ନିଗ୍ଧାକୁ

କୃତଜ୍ଞତା

ଏହି ସଙ୍କଳନରେ ପ୍ରକାଶିତ କବିତା ସମ୍ବାଦ, ସମାଜ, ପ୍ରମେୟ, ଧରିତ୍ରୀ ସାହିତ୍ୟାୟନ, ସଞ୍ଚାର, ସର୍ବସାଧାରଣ, ଝଙ୍କାର, ପଶ୍ଚିମା, ସତ୍ୟବାଦୀ, ଅନ୍ୟା, ସାଗରିକା ଓ ପୁନଶ୍ଚ ଉତ୍କଳପ୍ରଭାରେ ପ୍ରକାଶିତ। ସେଇ ସମସ୍ତ ଖବରକାଗଜ ତଥା ପତ୍ରିକାର ସମ୍ପାଦକମାନଙ୍କୁ ହାର୍ଦ୍ଦିକ ଧନ୍ୟବାଦ ଜ୍ଞାପନ କରୁଛି।

ଝର୍କା ଖୋଲାଥାଉ

Cartographies of injury and empire.
- Divya Victor

ହଁ, ଝର୍କା ଖୋଲାଥାଉ, ଶୁଭୁଥାଉ ସେ ଅଶ୍ରୁତ ମୂର୍ଚ୍ଛନା।

ଆଶ୍ଚର୍ଯ୍ୟ ପ୍ରବାସର, ସେ ପ୍ରବାସ ମଣିଷର ଚିର ପ୍ରବାସର! ନିବାସରେ ବି ପ୍ରବାସୀ ଯେଉଁ ମଣିଷ, ପ୍ରବାସ ନିୟତି ତା'ର, ସେ ପ୍ରବାସ ତା'ର ସ୍ୱପ୍ନ, ତା'ର ସଂଘର୍ଷ, ତା'ର ଆତ୍ମରକ୍ଷା, ତା'ର ଅଭିମାନ, ତା'ର ବ୍ୟଥା ଓ ବିଳାସ ବି। ସତ୍ୟ ପଟ୍ଟନାୟକ ଆମେରିକାରେ ଜଣେ ଓଡ଼ିଆ ପ୍ରବାସୀ କହିଲେ ଯଥେଷ୍ଟ ହେବନାହିଁ। ଯିଏ ତା'ର ଝର୍କା ଖୋଲାରଖେ ସେଇ ଅଶ୍ରୁତକୁ ଶୁଣିବା ପାଇଁ ସିଏ କବି, ଘରେ ଥାଇ ପ୍ରବାସୀ, ଭାବଲୋକରେ ଏକାକୀ, ଅନେକ ଦୂରରେ ତା'ର ଭାଇ ବନ୍ଧୁ ପ୍ରିୟା ପ୍ରୀତି ଓ ଅସଂଖ୍ୟ ସଜଳ ପରିଚୟରେ ଆର୍ଦ୍ର ପୃଥିବୀ।

ମୁଁ ଜାଣିଥିଲି ସତ୍ୟ ଜଣେ କବି, କିନ୍ତୁ ଏଯେଉଁ କବିତ୍ୱର ଆବେଶରେ ସେ ମତେ ମୋହିତ କରି ରଖିଲେ ତାହା ସତେ ଅବା ଥିଲା ଏଭଳି ଜଣେ କବିର ଯିଏ କେବଳ ଜଣେ କବି, ତା'ର ଅନ୍ୟ ସବୁ ପରିଚିତି ସେହି ଗୋଟିଏ ସ୍ନିଗ୍ଧ ପରିଚିତିରେ ଆଲୋକିତ ଓ ଅନୁରଣିତ! କୋଡ଼ିଏ ବର୍ଷରୁ ଅଧିକ କାଳ ସତ୍ୟଙ୍କର ଆମେରିକାରେ କଟିଲାଣି, ଅଥଚ ଆମେରିକା ତାଙ୍କୁ ବଦଳାଇ ପାରିନାହିଁ। କାରଣ ପ୍ରବାସ ତାଙ୍କୁ ପ୍ରଭାବିତ କରେନାହିଁ। ଯିଏ ପ୍ରବାସରୁ ପ୍ରବାସକୁ ଯାଏ ସବୁ ପ୍ରବାସରେ ତା'ର ନିବାସ। କଥା ବଡ଼ ଗହନ, କିନ୍ତୁ ତାହା ହିଁ ପ୍ରବାସକୁ ବୁଝିବାର ଓ ଭୋଗିବାର ମାର୍ଗ। ଆଉ ପ୍ରକାରେ ପ୍ରବାସୀ ଅଛନ୍ତି ଯେଉଁମାନେ ପ୍ରବାସରେ ନିବାସୀର ଅଧିକାର ପାଇବାପାଇଁ

ବ୍ୟାକୁଳ। ତାଙ୍କ ପ୍ରବାସ ରାଜନୈତିକ ଅଧିକାରର ପ୍ରବାସ। ଏସିଆନ ଆମେରିକାନ (ତାମିଲ) କବି ଦିବ୍ୟା ଭିକ୍ଟର ଆମେରିକା ପ୍ରବାସକୁ କ୍ଷତ ଓ ସାମ୍ରାଜ୍ୟର ବିସ୍ତୀର୍ଣ୍ଣ ଧରାନିବାସ ଭାବରେ କଳ୍ପନା କରନ୍ତି, କଷ୍ଟ ପାଆନ୍ତି ଓ ସେଇ କଷ୍ଟରୁ ବାହାରେ ଅନବଦ୍ୟ ଆମେରିକାନ ମୁଖ୍ୟସ୍ରୋତର କବିତା। ସତ୍ୟଙ୍କ କବିତାରେ ବି ଶ୍ୱେତାଙ୍ଗର ଅଗ୍ରାଧିକାରଲଙ୍କ ନେଇ କ୍ଷୋଭମୟ ତୀର୍ଯ୍ୟକ ଅଛି, କିନ୍ତୁ ଦିବ୍ୟାଙ୍କ ଭଳି ସେ କ୍ଷତାକ୍ତ ନୁହଁନ୍ତି। ତା'ର ଗୋଟେ ବଡ଼ କାରଣ ସେ ମାତୃଭାଷା ଓଡ଼ିଆରେ ଲେଖନ୍ତି, ସେ ଦିଗରୁ ସେ ଭୂଲଗ୍ନ, ଆଦୌ ପ୍ରବାସରେ ନାହାନ୍ତି। ଏଇଠି ଅଛନ୍ତି ଆମଭିତରେ !

କବିତାଗୁଡ଼ିକ ସହଜ, ସରଳ ଓ ପ୍ରତି କବିତା ଭାବଗମ୍ଭୀର। ଆମୂଳଚୂଳ ମୁଁ ଉପନ୍ୟାସ ପଢ଼ିବା ଭଳି ପଢ଼ିଗଲି। ଅତି ସୁନ୍ଦର, ପାଞ୍ଚ ଛ' ପ୍ରକାରର ଶୈଳୀରେ ଲେଖା ମନୋରମ କବିତା... କବିତା ନିରର୍ଥକ ଓ ଗଦ୍ୟମୟ ହୋଇଉଠୁଥିବା ବେଳେ ସୁନ୍ଦର ବୋଧଗମ୍ୟ କବିତା ପାଠକଙ୍କୁ ପୁଲକିତ ଓ ତୃପ୍ତ କରିବେ ନିଶ୍ଚୟ...

ହରପ୍ରସାଦ ଦାସ

ବିଶିଷ୍ଟ କବି ଓ ଚିନ୍ତକ

ଝର୍କାର ଏପାଖ-ସେପାଖ...

ସତ୍ୟ ପଟ୍ଟନାୟକ ଓଡ଼ିଆ ସାରସ୍ୱତ ଜଗତରେ ଯଶୋମୟ ଏକ ବିମୁଗ୍ଧ ଉଚ୍ଚାରଣ। ଚିନ୍ମୟ ଚେତନାରେ ତଲ୍ଲୀନ ତାଙ୍କ କବିତା କେବେ ତନ୍ମୟ ତ କେବେ ମନ୍ମୟ, କେବେ ମୃଣ୍ମୟ ତ କେବେ ହିରଣ୍ମୟ, କେବେ ପୁଣି ଅମ୍ମୟ ତ ଆଉ କେବେ ଅଶ୍ମମୟ, କେବେ ଦର୍ଭମୟ, କେବେ ଉର୍ଣାମୟ, କେବେ ଛାୟାମୟ, କେବେ ମାୟାମୟ, କେବେ ରୂପମୟ, କେବେ ରସମୟ, କେବେ ମନୋମୟ ତ ଆଉକେବେ ଭାବମୟ। 'ଝର୍କା ଖୋଲାଥାଉ' କବିତା ସଂକଳନସ୍ଥ ପ୍ରତ୍ୟେକ କବିତା ସ୍ୱତନ୍ତ୍ର ଦୃଷ୍ଟି ଓ ଦର୍ଶନ ସମ୍ବଳିତ ଭାବାବେଗ, ଭାବସମ୍ବେଗ ଓ ଭାବୋଚ୍ଛ୍ୱାସର ଏକ ଏକ ଭାସ୍ୱର ପରିପ୍ରକାଶ ମାତ୍ର। ଝର୍କା ବା ବାତାୟନ, ଗବାକ୍ଷ ବା ଜାଳାକ୍ଷ ଚିରକାଳ ଏକ ଚେତନାଗତ ଆପ୍ତି ଓ ବ୍ୟାପ୍ତିର ପ୍ରତୀକ ବା ପ୍ରତିନିଧି। କେହି କେହି ଏହି ସଦନାଂଶକୁ ଜାନାଲା, ପଞ୍ଜର, ବାଉଳି ବା ଜଳାକବାଟୀ ବା ଖିଡ଼ିକୀ ବୋଲାଇଥାନ୍ତି; ମାତ୍ର ଚେତନାଗତ ସ୍ତରରେ ଏହା ସର୍ବଦା ପ୍ରସୃତି ଓ ବିସ୍ତୃତିକୁ ହିଁ ଇଙ୍ଗିତ କରିଥାଏ। ସେହି ସୂତ୍ରରେ କବି ଶ୍ରୀ ପଟ୍ଟନାୟକଙ୍କ 'ଝର୍କା ଖୋଲାଥାଉ' ଅଭ୍ୟନ୍ତରରୁ ଦିଗନ୍ତ-ପରିବ୍ୟାପ୍ତ ଚେତନାଗର୍ଭିତ ଏକ ଅନନ୍ୟ-ଅନବଦ୍ୟ ସାରସ୍ୱତ ସର୍ଜନାବିଶେଷ ଅଟେ।

ସାଂସ୍କୃତିକ ଆଧାର ଓ ପ୍ରସଙ୍ଗକ୍ରମେ ଏହା ସଂକ୍ରମଣ, ଅଭିବର୍ତ୍ତନ, ପରିବର୍ତ୍ତନ ଓ ଅଧିବର୍ତ୍ତନ ସହ ବିକାଶର ପରମ ସୂଚକ। ଝର୍କାଦ୍ୱାରା ବ୍ୟକ୍ତି ଓ ସମୂହଠାରେ ଏକପ୍ରକାର ଟ୍ରାଞ୍ଜିସନ୍ ସଂଘଟିତ ହୋଇ ବ୍ୟକ୍ତିର ଆଭ୍ୟନ୍ତରୀଣ ବିକାଶ ଦେଖାଦିଏ। ଏହା ମୁକ୍ତପବନ ଓ ସ୍ୱାସ୍ଥ୍ୟକର ସୂର୍ଯ୍ୟାଲୋକର ବାହକ ହୋଇଥିବା ହେତୁ ଅନ୍ତର୍ଦୃଷ୍ଟି ଓ ସଚେତନତା (Insight and Awareness) ତଥା ଗଭୀର ବୋଧଗମ୍ୟତାକୁ ପ୍ରତୀକିତ କରିଥାଏ। ଝରକା ଦ୍ୱାରା ହିଁ ଆମେ ବାହାର ଜଗତକୁ ଦେଖିବାର, ବୁଝିବାର, ଜାଣିବାର ଓ ଅନୁଭବିବାର ସୁଯୋଗ ଓ ସମ୍ଭାବନା ଲାଭକରୁ। ଅନୁରୂପ ଭାବରେ ତଥା ଅପରପକ୍ଷରେ ଏହି ଝର୍କା ବା ବାତାୟନଟି ଉଭୟ 'ସଂଯୋଗ' ଓ 'ବିଯୋଗ' (Connection and Separation)କୁ ଦର୍ଶାଇଥାଏ। କାରଣ, ଗୋଟିଏ ଦିଗରେ ଏହା ବାହାରକୁ ଦେଖିବାର ସୁଯୋଗ ବା ସମ୍ଭାବନା ସୃଷ୍ଟି କଲାବେଳେ ଅପରପକ୍ଷରେ ଶରୀରକୁ ଅଟକାଇ ଏକ ଭୌତିକ ପ୍ରତିବନ୍ଧକ ମଧ୍ୟ ସୃଷ୍ଟି କରିଥାଏ। ତେବେ ସର୍ବୋପରି ଏହା Illumination, Enlightenment, ଆଧ୍ୟାତ୍ମିକ ବିକାଶ, ଦୃଷ୍ଟି ଓ ଅଭିଦୃଷ୍ଟି, ମୁକ୍ତି ଓ ପରିରୋଧ, ସ୍ମୃତି ଓ ବିଧୁରତା ତଥା ଆଧ୍ୟାତ୍ମିକ କ୍ଷେତ୍ର (Spiritual Realm) ଓ ରହସ୍ୟବାଦୀ କ୍ଷେତ୍ର (Mystic Realm)ର ପରିସୂଚକ, ପରିବୋଧକ, ପରିମାପକ ପ୍ରତୀକବିଶେଷ ଅଟେ। ନିମ୍ନୋକ୍ତ ତାଙ୍କ କବିତାର ଏକ ପଂକ୍ତିବିଶେଷ ଏହି ଉକ୍ତିର ଏକ ପରମ ବିଶେଷକ ଅଟେ। କବିଙ୍କ ଭାଷାରେ – 'ଆକାଶରୁ ସବୁବେଳେ ଖସେନା ଉଲ୍‌କା / ବେଳେବେଳେ ବିଶ୍ୱାସର ତାରାଫୁଲ ବି / ଝରିବାର ସମ୍ଭାବନା ଥାଏ, / ଅଥବା ମାଟିର ଫୁଙ୍ଗୁଳା ଦେହର ବାସ୍ନା / କରିପାରେ ସମ୍ମୋହିତ / ହୋଇଗଲେ ବର୍ଷା ଅସରାଏ। 'ଏହି ପଂକ୍ତିରେ କାବ୍ୟିକ ପରିପ୍ରକାଶ ଚେତନାର ବିଚ୍ଛୁରଣ (Dissociation of Sensibility) ଏବଂ ଚେତନାର ସମେକନ (Unification of Sensibility) ଉଭୟ ଦେଖାଯାଏ। 'ଆକାଶ'ଠାରୁ ପରମଣ୍ଡଳୀୟ ତଥା ପରଜାଗତୀୟ 'ଉଲ୍‌କା' ଓ ଖସି ପଡ଼ୁଥିବା 'ତାରାଫୁଲ' ପର୍ଯ୍ୟନ୍ତ ପରିବ୍ୟାପ୍ତ ଚେତନା ଏକପକ୍ଷରେ ଅଧିବ୍ୟାପ୍ତି-ଅଭିବ୍ୟକ୍ତିର ସୂଚନାଦେବା ସଙ୍ଗେସଙ୍ଗେ 'ମାଟିର ଫୁଙ୍ଗୁଳା ଦେହର ବାସ୍ନା' ଓ 'ବର୍ଷାପାତ' ଅପରପକ୍ଷରେ ଚେତନାର ବିସ୍ତାରିତ ଚିନ୍ମୟ ଦିଗ-ଦିଗନ୍ତକୁ ଦର୍ଶାଇଥାଏ ମାତ୍ର। ଏଠି ଆକାଶ ପରିଜଗତ, ଅନ୍ତର୍ଜଗତ, ଓ ଅଧିଜଗତର କଥା କହେ; ଭୂମିରୁ ଭୂମାଦୃଷ୍ଟିର କଥାକହେ। କବିଚିତ୍ତ ସମାଜ ଓ ସମୟ ସଚେତନ ହୋଇଥିଲାବେଳେ ପତ୍ରଟିଏ ଝରିପଡ଼ିଲେ ଚମକିପଡ଼େ କବିର ପଞ୍ଜରାତଳର ଛାତି ଏବଂ ସେହି କବିସତ୍ତା ଅନୁଭବ କରେ ଦେହର ଅତଳତଳ ଗହୀର ପ୍ରଦେଶ ଯାଏଁ ବ୍ୟାପ୍ତ ନାହିଁ ନଥିବା ଅନ୍ଧାର। ଏହି ଝର୍କା ସମ୍ଭାବନା ଓ ବିମୁକ୍ତିର ମାର୍ଗ-ଅମୋଘ, ଯେଉଁବାଟେ ଉଡ଼ି ଆସିପାରେ ପକ୍ଷୀଟିଏ ଅନ୍ୟକେଉଁ ଜଗତର ବାର୍ତ୍ତାନେଇ କାହିଁ କେତେବେଳେ, ସମୟ-ଅସମୟରେ। କବିତାଟିର ବ୍ୟଞ୍ଜନାସ୍ତର ଇନ୍ଦ୍ରିୟରୁ ଅତୀନ୍ଦ୍ରିୟ ହୋଇ ଚେତନାକୁ ଅଧିଚେତନାଗତ ସ୍ତରରେ ଉପନୀତ କରାଏ । ଏହାହିଁ କବି ଶ୍ରୀଯୁକ୍ତ ପଟ୍ଟନାୟକଙ୍କ କାବ୍ୟିକ କୂଜନର କଳାତ୍ମକ ଉତ୍ତୀର୍ଣ୍ଣ ଉପଲବ୍ଧି ।

କବିତାଟିରେ ବ୍ୟବହୃତ ଅଧିକାଂଶ ଶବ୍ଦ ଆର୍କିଟାଇପାଲ୍ ବା ଆଦିକଳ୍ପୀୟ। ଆକାଶ, ଉଲ୍‌କା, ତାରାଫୁଲ, ମାଟି, ଦେହର ବାସ୍ନା, ବର୍ଷା, ପବନ, ଅନ୍ଧାର, ଡର, ଗଛ, ବଣ ଓ ପକ୍ଷୀ ପରି ଆର୍କିଟାଇପାଲ୍ ଶବ୍ଦ କବିତାଟିକୁ ଉତ୍ତୀର୍ଣ୍ଣ ଓ ବଳିଷ୍ଠ କରି ଗଢ଼ିତୋଳିଛି। ଏସବୁ ଆର୍କିଟାଇପ୍ କାର୍ଲ ୟୁଙ୍ଗ୍‌ଙ୍କ ଦୃଷ୍ଟିରେ ସାମୂହିକ ଅଚେତନତା

(Collective Unconsciousness)ର ଅନ୍ତର୍ଭୁକ୍ତ। ଏହି ଆର୍କିଟାଇପାଲ୍ ଆବେଦନ ହିଁ କବିତାଟିକୁ ଉଭୟ ଗଭୀର ଓ ଗମ୍ଭୀର କରି ଗଢ଼ିତୋଳିଛି। ଦେଖିବାକୁ ଗଲେ ଏହି କବିତାରେ ସମୁଦାୟ ଚତୁର୍ବର୍ଗୀୟ ଚତୁର୍ଗୋତ୍ରୀୟ ଆର୍କିଟାଇପ୍ ଦେଖାଯାଆନ୍ତି। ଯଥା:

(କ) ମହାକାଶୀୟ ଆଦିକଳ୍ପ ବା ଆଦିରୂପ (Celestial Archetypes)

(ଖ) ପାର୍ଥିବ ଆଦିକଳ୍ପ/ ଆଦିରୂପ (Earthy Archetypes)

(ଗ) ଅଜ୍ଞାତର ଆଦିକଳ୍ପ ବା ଆଦିରୂପ (Archetypes of the Unknown)

(ଘ) ପ୍ରକୃତିର ଆଦିକଳ୍ପ ବା ଆଦିରୂପ (Archetypes of Nature)

ଏକ ସିଲେଷ୍ଟିଆଲ ବା ମହାକାଶୀୟ ଆର୍କିଟାଇପ୍ ଭାବରେ 'ଆକାଶ' ଆସୀମତା, ସ୍ୱର୍ଗୀୟ ତଥା ଆଧ୍ୟାତ୍ମିକ ସଚେତନତା କ୍ଷେତ୍ରକୁ ଇଙ୍ଗିତ କଲାବେଳେ 'ଉଲ୍‌କା ପିଣ୍ଡ' ମହାକାଶରୁ ବା ବାହ୍ୟଜଗତରୁ ଏକ ରୂପାନ୍ତରକାରୀ ସନ୍ଦେଶ ବା ଘଟଣାକୁ ସୂଚାଇଥାଏ । ସେହିପରି ପତନଶୀଳ 'ତାରାଫୁଲ' ମାର୍ଗଦର୍ଶୀ ଆଲୋକପିଣ୍ଡ ବା ପୂର୍ଣ୍ଣଯୋଗ୍ୟ ଆକାଂକ୍ଷାର ପ୍ରତିଭୂ ମାତ୍ର। ସେହିପରି ପାର୍ଥିବ ନା ନଶ୍ୱର ଆଦିକଳ୍ପ ଭାବରେ 'ମାଟି' ଉର୍ବରତା, ବିକାଶ, ଏବଂ ପ୍ରାକୃତିକ ଜଗତ ସହ ସଂଯୋଗ ଓ ସମ୍ପର୍କକୁ ସୂଚିତ କଲାବେଳେ 'ଦେହର ବାସ୍ନା' Primal Instinctual Aspects of Human Natureକୁ ବୁଝାଇଥାଏ। ସେହିପରି ବର୍ଷା 'ନୂତନତା' (Renewal), ବିଶୁଦ୍ଧିକରଣ ଓ ଜୀବନର ଚକ୍ରର ପ୍ରତୀକ। ସେହିପରି 'ପବନ' ପରିବର୍ତ୍ତନର ପ୍ରତିନିଧି, ଗତି ଓ ଜୀବନର ଆଧାର ଶ୍ୱାସକୁ ସୂଚାଇଥାଏ। କବିତାଟିରେ ଅଜ୍ଞାତର ଆଦିକଳ୍ପ ଭାବରେ 'ଅନ୍ଧାର' ଓ 'ଭୟ'କୁ ବ୍ୟବହାର କରାଯାଇଛି। Darkness symbolizes the unknown, the unconscious and the mysteries of life. 'ଅନ୍ଧାର' ଅଜ୍ଞାତାକୁ ସୂଚାଏ। ଅଚେତନ ମନର ବିଶାଳତା ଓ ବିପୁଳ ସମ୍ଭବନାମୟ ଅନ୍ଧାରତା ଓ ଜୀବନର ରହସ୍ୟମୟତାର ଅନୁପମ ଆଦିକଳ୍ପ ହେଉଛି ଅନ୍ଧାର। ସେହିପରି 'ଭୟ' ମଣିଷର ସାର୍ବଜନୀନ ଆବେଗକୁ ବୁଝାଏ, ଯାହା ବ୍ୟକ୍ତିକୁ ଉଭୟ ପ୍ରୋତ୍ସାହିତ ଓ ପଙ୍ଗୁ ମଧ୍ୟ କରିପାରେ। ସେହି ସୂତ୍ରରେ ପ୍ରକୃତିର ଆଦିକଳ୍ପ ଭାବରେ 'ଗଛ' ବିକାଶ ଶକ୍ତି, ଶକ୍ତି, ପ୍ରାକୃତିକ ଜଗତ ସହ ସମ୍ପର୍କକୁ ଦର୍ଶାଇବାବେଳେ 'ବଣ', ଅଜଣା, ଅଚିହ୍ନା, ଜାନ୍ତବିକତା, ପ୍ରକୃତିର ପୋଷାହୀନ ଦିଶା ଓ ଦଶାକୁ ଦର୍ଶାଇ ଥାଏ। ସେହିପରି ପକ୍ଷୀମାନେ ମୁକ୍ତି (Freedom), ସର୍ଜନଶୀଳତା (Creativity) ଓ ଆଧ୍ୟାତ୍ମିକ କ୍ଷେତ୍ର ସହ ସମ୍ପର୍କକୁ ସୂଚାଇଥାଆନ୍ତି। ମାତ୍ର ଚାରିଗୋଟି ପଦରେ ଏତେ ବିଶାଳ ଅର୍ଥପୂର୍ଣ୍ଣ ଅଭିବ୍ୟକ୍ତିର କାରଣ ହେଉଛି ଏହି ସବୁ ବଳିଷ୍ଠ ଆର୍କିଟାଇପ୍ ମାନଙ୍କର ସାରିଷ୍ଟ ପ୍ରୟୋଗ।

କବି ବର୍ତ୍ତମାନ ମଣିଷର ଏଇ ପୃଥିବୀ, ତା' ଭିତର ବାହାର ଜଗତର ପୃଥିବୀ ସାରା ଛାଇଥିବା ଅନ୍ଧାର କଥା କହିଛନ୍ତି। ଭୟ ଆଉ ପାପ ମିଶି ଏ ସମୟ, ଏ ସମାଜ, ଏ ଜୀବନ, ଏ ପିଢ଼ି ଓ ଏ ସଭ୍ୟତା ଅନ୍ତସତ୍ତ୍ୱା। ଏଇ ସଭ୍ୟତାର ଏଇ ବ୍ୟକ୍ତି ଓ ସମୂହ – ସବୁଠି ଅନ୍ଧକାର ପରିପୂର୍ଣ୍ଣ। କବିଙ୍କ ଭାଷାରେ – 'କେବଳ ଘର ଭିତରେ ନୁହଁ / ଆଜିକାଲି ଦେହ ଭିତରେବି ତ/ ନାହିଁ ନଥିବା ଅନ୍ଧାର!' ଏହି ଦେହ ଭିତରର ଅନ୍ଧାର ପ୍ରକୃତପକ୍ଷେ ଅତ୍ୟନ୍ତ ମାର୍ମିକ ଓ ଅର୍ଥପୂର୍ଣ୍ଣ ହେବା ସଙ୍ଗେସଙ୍ଗେ କବିତାଟିର ବ୍ୟଞ୍ଜନାଶକ୍ତି ବହୁଗୁଣରେ ବୃଦ୍ଧିକରିଛି। ଏଠାରେ ବ୍ୟକ୍ତିର ନିଜ ଛାଇ ଆମ ବ୍ୟକ୍ତିତ୍ୱର ଲୁକ୍କାୟିତ ଦିଶା ଓ ଦଶାକୁ ସୂଚାଏ । ୟୁଙ୍ଗୀୟ ମନସ୍ତତ୍ତ୍ୱ ଅନୁସାରେ, ଆଭ୍ୟନ୍ତରୀଣ ଅନ୍ଧକାର ଲୁଚି ରହିଥିବା ଆମ ବ୍ୟକ୍ତିତ୍ୱର ଦିଗକୁ ଉଜାଗର କରିଥାଏ। ଏହାକୁ ଶ୍ୟାଡୋ ସେଲ୍ଫ (Shadow Self) ବୋଲି କହନ୍ତି। The darkness can symbolise the unconscious mind, containing thoughts, emotions, and memories that lie beneath our conscious awareness. And darkness inside can represent the emotional burdens we carry, such as fear, anxiety, or trauma, which can feel like a heavy, dark presence within. ବ୍ୟକ୍ତି ଭିତରେ ଏହି ଅନ୍ଧାର ଏକ ବହଳ ସାନ୍ଦ୍ରତା ସୃଷ୍ଟିକରିବା ସହ ଦୁର୍ବହବୋଧ କରାଇଥାଏ।

ଏହି କବିତାଟିର ଅନ୍ୟତମ ଅନୁପମ ଦିଗଟି ହେଉଛି ଏହାର ସ୍ଥିତିବାଦୀ ଦୃଷ୍ଟି ଓ ଦର୍ଶନମନସ୍କତା। ଅସ୍ତିତ୍ୱବାଦୀ ଚେତନାରେ ଜୁଡୁବୁଡୁ ଏହି କବିତା ବ୍ୟକ୍ତି ଠି ଅନ୍ତର୍ନିହିତ ଜୀବନର ଆଜନ୍ମ ଅର୍ଥହୀନତା ଓ ଅନିଶ୍ଚିତତାକୁ ପ୍ରତିନିଧିତ୍ୱ କରୁଥିବା ସେହି ଶାଶ୍ୱତ ଚିରନ୍ତନ ଅନ୍ଧକାର କଥା କହେ। ଭିତରେ ଥିବା ଏହି ଅନ୍ଧାରର ଏହି ମହତ୍ତ୍ୱର ଇଙ୍ଗିତକୁ ଆମେ ଅଣଦେଖା କରିପାରିବା ଅସମ୍ଭବ।

The darkness inside can represent the inherent meaninglessness or uncertainty of life, which we must confront and accept. ବୌଦ୍ଧଧର୍ମରେ ବା ବୌଦ୍ଧ ଦର୍ଶନରେ ମଣିଷ ଭିତରର ଅନ୍ଧକାର, ଅଜ୍ଞତା, ଅସଚେତନତା, ଓ ଅସରନ୍ତି ଅକଳନ୍ତି ଯନ୍ତ୍ରଣାର ପ୍ରତୀକବିଶେଷ ଅଟେ। Taoism ଅନୁସାରେ, ଏହାର ଦାର୍ଶନିକ ଦୃଷ୍ଟିରେ ଏହି ଅନ୍ଧକାର ଗ୍ରହଣଶୀଳ (the receptive), ସ୍ତ୍ରୀୟୋଚିତ (feminine) ଅଥବା ସ୍ତ୍ରୈଣତତ୍ତ୍ୱ ବା ନାର୍ଯତତ୍ତ୍ୱ (Yin Principle)କୁ ସୂଚାଇ ତା'ର ପ୍ରତିନିଧିତ୍ୱ କରିପାରେ, ଯାହାକି ଜୀବନରେ ଏକ ସନ୍ତୁଳନ ଓ ସୌହାର୍ଦ୍ଦ୍ୟପୂର୍ଣ୍ଣ ସ୍ଥିତି ପାଇଁ ଅତୀବ ଜରୁରୀ। ଆଧାତ୍ମିକ ଓ ସାଂସ୍କୃତିକ ଦୃଷ୍ଟିରୁ ମଧ୍ୟ ଏହାର ବିବେଚନା କରାଯାଇପାରେ। ଅନ୍ତରସାରା ଭର୍ତ୍ତି ଅନ୍ଧାର inner light ବା ଆଭ୍ୟନ୍ତରୀଣ ଆଲୋକକୁ

ସୂଚାଇଥାଏ। ଗୋଟିଏ ଦିଗରେ ଏହା ବିଶୁଦ୍ଧିକରଣ (Purification) ଏବଂ ନବୀକରଣ (Renewal)ର ପ୍ରତୀକ ହେଲାବେଳେ ଅପର ପକ୍ଷରେ ଏହା ଏକ ରହସ୍ୟବାଦୀ ଅନୁଭବର ପ୍ରତିଭୂ ଓ ପ୍ରତିନିଧି ହୋଇଯାଏ। In many spiritual traditions, the darkness inside is seen as an opportunity to discover and cultivate the inner light, representing wisdom, compassion, and higher consciousness. In some cultures, darkness is associated with purification, renewal, and transformation, as seen in rituals like the Native American sweat lodge ceremony. ଏହି ଅନ୍ଧାରରେ ଅନ୍ତର୍ଜଗତ ଆଲୋକିତ ହୋଇଯାଏ, ଭିତର ଜଗତରେ ଖେଳିଯାଏ ପ୍ରଭା ଓ ଆଭାଦୀପ୍ତ ଆଲୋକର ଫୁଆରା। ଏହି କବିତା ସମ୍ପର୍କରେ ବିବିଧ ଦର୍ଶନ, ସଂସ୍କୃତି ଓ ପରମ୍ପରା ଆଧାରରେ ଏତକ ଅନ୍ତତଃ କୁହାଯାଇପାରେ। The tenebrous recesses within bespeak the abyssal void of existence, an existential lacuna that necessitates confrontation and acquiescence, thereby acknowledging the inherent meaninglessness that undergirds our ephemeral presence. Further, in the rarefied realm of Buddhist thought, the umbra within symbolizes the profound ignorance (avidya) that perpetuates the vicious cycle of suffering (*sansara*), an insidious darkness that can only be dispelled through the luminosity of wisdom (prajña) and within the Taoist cosmology, the darkness represents the receptive, yin principle, a fertile void that nurtures the harmony of opposites, embracing the paradoxical union of light and darkness, being and non-being. However, in the mystic traditions of old, the darkness within is oftentimes regarded as a liminal threshold, an opportunity to kindle the inner luminescence, a beacon of wisdom, compassion, and higher consciousness that illuminates the obscure recesses of the soul. ଦେହର ଝରକା ଖୋଲା ରହିବା ଦରକାର। କାରଣ ଆରଜଗତରୁ ଝରି ଆସିବ ଆଲୁଅ, ଆସିବ ବର୍ଷା, ଆସିବ ଆନନ୍ଦର ଅବିଶ୍ରାନ୍ତ ଧାରା। ସେହି ବର୍ଷଣରେ ଭିଜିଯିବ ମାଟି ଆଉ ତିନ୍ତିଯିବ ଏହି ଘର ଭିତରର ଆତ୍ମା। ହେବ ତା'ର ମହାସ୍ନାନ, ହେବ ତା'ର ପ୍ରକ୍ଷାଳନ ତଥା ଚିର ଅପେକ୍ଷିତ ପ୍ରଶୁଦ୍ଧି, ବିଶୁଦ୍ଧି ଓ ପରିଶୁଦ୍ଧିକରଣ। In certain cultural and shamanic contexts, darkness is associated with the cathartic processes of purification and renewal, as exemplified by the Native American sweat lodge ceremony, wherein the darkness facilitates a symbolic death and rebirth, purging the individual of existential impurities. ଏଣୁ କବି ବର୍ଣ୍ଣନା କରିଥିବା ଭିତରର ନାହିଁ ନଥିବା ଅନ୍ଧାର ଅୟୁତ ଦିନର ମଣିଷର ଏହି ଆତ୍ମାର ନିରବିଚ୍ଛିନ୍ନ ପ୍ରକ୍ଷାଳନକ୍ରମେ ଅନନ୍ତ-ଅମୂର୍ତ୍ତ ଆଲୋକର ଅପେକ୍ଷା ରଖେ । Thus, the darkness within can serve as a mystical portal, a threshold to the numinous, wherein the individual transcends the limitations of the mundane, entering a realm of unitive consciousness, wherein the distinctions between self and other, subject and object, dissolve into the undifferentiated expanse of the ultimate reality.

ଏହି ମର୍ମରେ ମନେପଡେ ରେନର ମାରିଆ ରିଲ୍କେଙ୍କ "The Window" କବିତା ଯେଉଁଥିରେ ଝର୍କା ଅନ୍ତର୍ଜଗତ ଓ ବହିର୍ଜଗତ ମଧ୍ୟସ୍ଥ ସୀମାବିଶେଷକୁ ସୂଚାଏ। ସେହିପରି ସାକୀଙ୍କ "The Open Window" କବିତାରେ ମୁକ୍ତ ପବନ ଓ ପ୍ରକୃତିର କାକଳି, ପକ୍ଷୀଙ୍କ କୂଜନାଦିକୁ ଭିତରକୁ ଆସିବା ନିମନ୍ତେ ଝର୍କା ଖୋଲିବା କବିଙ୍କର ଉଦ୍ଦେଶ୍ୟ ପାଲଟିଛି। ସେହିପରି ବିଶିଷ୍ଟ ରୂପକଳ୍ପବାଦୀ କବି କାର୍ଲ ସେଣ୍ଡବର୍ଗଙ୍କ "Windows" କବିତାରେ 'ଝରକା' ଅନ୍ତର୍ଜଗତ ଓ ବହିର୍ଜଗତ ମଧ୍ୟରେ ଯୁଦ୍ଧ, ସଂଘାତ ଓ ସଂଘର୍ଷକୁ ସୂଚାଇଥାଏ। ଅନୁରୂପକ୍ରମେ ମାରୀ ଓଲିଭରଙ୍କ "Open the Window" କବିତାରେ ମୁକ୍ତଆବେଗ, ମୁକ୍ତଚିନ୍ତନ, ଏବଂ ଜୀବନର ସୌନ୍ଦର୍ଯ୍ୟ ଓ ବିସ୍ମୟ - ଉଭୟକୁ ଦର୍ଶାଯାଇ ଥିଲାବେଳେ କବି ସତ୍ୟ ପଟ୍ଟନାୟକଙ୍କ ଏହି 'ଝର୍କା ଖୋଲା ଥାଉ' ସେହି ଧାରା ଓ ଧରାର କବିତା ବୋଲି କହିବାକୁ ହୁଏ । ସ୍ଥାନେ ସ୍ଥାନେ ଏହି କବିତାଟି ଅଧିକ ଗଭୀର, ଗମ୍ଭୀର ଓ ଦାର୍ଶନିକ ହୋଇ ଉଠିଛି ତ ଆଉ କେଉଁଠି କବିତାଟି ଅଧିକରୁ ଅଧିକ ଉଚ୍ଚତାରେ ଅବତୀର୍ଣ୍ଣ ହୋଇପାରିଛି ।

Moreover, in myriad spiritual paradigms, the tenebrous interiority is oftentimes valorized as a liminal threshold, precipitating the discovery and cultivation of the inner luminosity, an effulgent embodiment of sapiential wisdom, compassionate empathy, and elevated consciousness.

ବେଦ ଓ ଉପନିଷଦୀୟ ଦର୍ଶନ ତଥା ମହାଭାରତୀୟ ସଂସ୍କୃତିର ଅଭିଦୃଷ୍ଟିକ୍ରମେ କବିଚିତ୍ତ ସୃଷ୍ଟିର ସକଳ ନକାରାତ୍ମକ ଅଭିଜ୍ଞତାକୁ ସକାରାତ୍ମକ ଅନୁଭବରେ ପରିଣତ କରିଛନ୍ତି । ଏହା କିଛି କମ୍ କଥା ନୁହେଁ । ଝରକା ଖୋଲାଥାଉ କହି ଶିବତ୍ୱ ପ୍ରଦର୍ଶନ

ପୂର୍ବକ କବି ଭାରତୀୟ ଆତ୍ମାର ପରମ ଉପାସ୍ୟ ସଦାଶିବଙ୍କ ପରି ହଳାହଳକୁ ଉଦରସ୍ଥ କରି ଅମୃତର ଆଗମନ ପଥ ପରିଷ୍କାର କରିଦେଇଛନ୍ତି। କହିବା ବାହୁଲ୍ୟ ଯେ, କବିତାଟିରେ ଅର୍ଥଗତ ବ୍ୟଞ୍ଜନାଶକ୍ତି ଗଭୀର ଅନୁପ୍ରବେଶ ଅଧିଗମ ଏବଂ ଉପନିଷଦୀୟ ଦର୍ଶନର ସ୍ୱୀକୃତିସାପେକ୍ଷ। Again, in certain cultural and ritualistic contexts, the umbra is symbolically associated with cathartic processes of purification, renewal, and transmogrification, as exemplified by the Native American sweat lodge ceremony, wherein the darkness facilitates a symbolic demise and rebirth, purging the individual of existential impurities and recalibrating their being towards a state of renewed equilibrium.

ପୁଣି କବି କବିତାରେ ଅଭ୍ୟନ୍ତର ଅନ୍ଧକାର କଥା କହିଲାବେଳେ ପରୋକ୍ଷରେ କବିଚିତ୍ତ ମନଶ୍ଚକ୍ଷୁ ବା ଅନ୍ତର୍ଚ୍ଚକ୍ଷୁ କଥା ଅବଶ୍ୟ କହିଛନ୍ତି ବୋଲି ବୁଝିବାକୁ ହେବ। ମନ, ଛାତି ଆଉ ଆତ୍ମାର ସେହି ଝର୍କାକୁ ଖୋଲା ରଖିବାକୁ ପ୍ରକାରାନ୍ତରେ କୁହାଯାଇଛି ବୋଲି କୁହାଯାଇପାରେ। The inner darkness can serve as a mystical portal, a liminal gateway to the numinous, wherein the individual transcends the limitations of the mundane, ephemeral realm, and establishes a symbiotic rapport with the divine, ultimate reality, or the unnamable, ineffable essence that underlies all existence.

ଜୀବନର ଶତେକ ନକାରାତ୍ମକ ଅନୁଭବ ଓ ଅନୁଭୂତି ସତ୍ତ୍ୱେ, ଭୌତିକ, ମାନସିକ, ଆଧ୍ୟାତ୍ମିକ ଓ ଆଧିଭୌତିକ ମରଣ, ଶାରିରୀକ ମାନସିକ ଓ ଆଧ୍ୟାତ୍ମିକ ବ୍ୟାଧି, ଭୌତିକ, ମାନସିକ ଓ ଆଧ୍ୟାତ୍ମିକ ଯୁଦ୍ଧ, ମାନସିକ ଓ ଆଧ୍ୟାତ୍ମିକ ସ୍ୱପ୍ନଭଙ୍ଗ, ମାନସିକ ଓ ଆଧ୍ୟାତ୍ମିକ ହତାଶା, ନିରାଶା, ମାନସିକ ଓ ଆଧ୍ୟାତ୍ମିକ ହତାଦର, ଅପଯଶ, ନିନ୍ଦା, ବିଶ୍ୱାସଘାତକତା, ବିଶ୍ୱାସହୀନତା, ଆଧ୍ୟାତ୍ମିକ ସଙ୍କଟ, ଜୀବନର ଅନନ୍ତ ଅର୍ଥହୀନତା, ସିନିସିଜିମ୍, ଆଧ୍ୟାତ୍ମିକ ନିସଂଗତା, ଆଧ୍ୟାତ୍ମିକ ସ୍ଥବିରତା, ଆଧ୍ୟାତ୍ମିକ ଜଡ଼ତା, ଆବେଗରହିତ ମନୋଦଶା, ତଥା ନକାରାତ୍ମକ ଆବେଗଗତ ଅମଳ (ଯଥା - Bitterness, Resentment, Anger, Hatred, Fear, Anxiety, Depression, Despair, Hopelessness, Emotional numbness), ସମ୍ପର୍କଗତ ଶତଶତ ନକାରାତ୍ମକ ଅମଳ (ଯଥା :- Broken relationships, Toxic friendships, Abusive partnerships, Family conflicts, Social isolation, Loneliness, Rejection, Betrayal, Abandonment ଏବଂ Loss of trust), ବିବିଧ ମାନସିକ

ନକାରାତ୍ମକ ଅମଳ (Negative self-talk, Self-doubt, Low self-esteem, Anxiety disorders, Depression, Mental health stigma, Trauma, PTSD, Obsessive thoughts, ଏବଂ Mental exhaustion), ବିଭିନ୍ନ ଭୌତିକ-ଶାରିରୀକ ନକାରାତ୍ମକ ଅମଳ (ଯଥା - Chronic illness, Disability, Pain, Fatigue, Sleep disorders, Nutrition deficiencies, Substance abuse, Addiction, Poor physical health, Gaõ Terminal illness), ବିଶେଷକରି ଅତୀବ ଗୁରୁତ୍ୱପୂର୍ଣ୍ଣ ଭାବରେ ବିଭିନ୍ନ ସ୍ତରୀୟ ଆଧ୍ୟାତ୍ମିକ ନକାରାତ୍ମକ ଅମଳ (ଯଥା - Loss of faith, Spiritual crisis, Disconnection from purpose, Lack of meaning, Emotional emptiness, Spiritual numbness, Disillusionment, Cynicism, Apathy, ଏବଂ Existential despair), ଜୀବନର ଚଲାପଥରେ ଭିନ୍ନଭିନ୍ନ ବିତ୍ତୀୟ ନକାରାତ୍ମକ ଅମଳ (Debt, Bankruptcy, Financial insecurity, Poverty, Unemployment, Underemployment, Financial stress, Money anxiety, Limited financial opportunities, I Economic instability), ଏବଂ ଏପରିକି ଆମଜୀବନରେ ପ୍ରଭୂତ ଗୁରୁତ୍ୱ ରଖୁଥିବା ଆମ ପାରିପାର୍ଶ୍ୱିକ ଭିନ୍ନଭିନ୍ନ ନକାରାତ୍ମକ ପାରିବେଶିକ ଅମଳ (Pollution, Climate change, Natural disasters, Environmental degradation, Loss of biodiversity, Deforestation, Soil erosion, Water scarcity, Air pollution, I Ecological destruction) ସତ୍ତ୍ୱେ ନୂତନ ସୂର୍ଯ୍ୟୋଦୟ, ନୂତନ ପବନ, ନୂତନ ଆଲୋକ ଓ ନୂତନ ବର୍ଷା ପାଣି, ନୂତନ ଅଗ୍ନି, ଆକାଶର ନୂତନ ଇସାରା ବା ଅଭିନବ ସନ୍ଦେଶ, ମାଟିର ନୂତନ ବାସ୍ନା, ବର୍ଷା ପଡ଼ି ମାଟିର ଉର୍ବର ସମ୍ଭାବନା ସୃଷ୍ଟି ହେବା ଅସମ୍ଭବ ନୁହେଁ। ଅମର ଅକ୍ଷୟ ଆତ୍ମାର ଇଚ୍ଛାରେ ସବୁ ସମ୍ଭବ। ଏଣୁ କବି ଅନନ୍ତ ଅକ୍ଷୟ ଆଲୋକବାଦୀ ମନୋବୃତ୍ତିର ବଶବର୍ତ୍ତୀ ହୋଇ କହିଛନ୍ତି ଝର୍କା ଖୋଲାଥାଉ, ଆତ୍ମାର ପୁନରଙ୍କୁରଣ ହେଉ, ଜୀବନର ପୁନରଙ୍କୁରଣ ହେଉ, ଉପନିଷଦର ମହାନ୍ ମନ୍ତ୍ରକୁ ମନରେ ରଖି ଅକ୍ଷର ଆଲୋକର ଉପାସନା କରିଛନ୍ତି କବି। ଏଣୁ ଯଥାର୍ଥରେ ଏହି ଅନୁପମ ମହତ୍ତର ଭାରତୀୟ ଉଦାର ଆଲୋକବାଦୀ ମାନସିକତାର ପାଣି-ପବନ-ଉତ୍ତାପ-ଆଲୋକ ତଥା ଅବିସ୍ମରଣୀୟ ରସ ଓ ଗନ୍ଧରେ କବିତାଟି ଅସୀମ-ଅମୂର୍ତ୍ତ-ବିହାୟସର ସହୋଦର ସମ ଅନନ୍ତ ଜୀବନର ଅମୃତ ଅକ୍ଷର ବାର୍ତ୍ତା ପ୍ରଦାନ କରିଥାଏ। କିମଧିକମ୍।

ଡ. ସନ୍ତୋଷ କୁମାର ନାୟକ

ସହକାରୀ ପ୍ରଫେସର ଓ ବିଭାଗମୁଖ୍ୟ, ଓ.ଶି.ସେ.-୧

ଅଧିସ୍ନାତକ ଓଡ଼ିଆ ବିଭାଗ,

ଫକୀର ମୋହନ ସ୍ୱୟଂଶାସିତ ମହାବିଦ୍ୟାଳୟ, ବାଲେଶ୍ୱର, ଓଡ଼ିଶା

ସୂଚିପତ୍ର

ମୁଖଶାଳା

ଝର୍କା ଖୋଲା ଥାଉ ୨୭
ଭୀମଭୋଇ ୨୯
୩୭୦ ୩୧
ଆଜି ସେ ସକାଳ ଆସିଛି ୩୩
ଏମିତିକା ସ୍ୱପ୍ନ ୩୫
କିଛି ପ୍ରେମ କିଛି ସରଳତା ୩୭
ବ୍ୟାସକବି ୩୯
ଗୀତ ୪୦
ଝିଅ ୪୨

କବିତାର କଳା

କବିତାର କଳା (୧) ୪୪
କବିତାର କଳା (୨) ୪୬
ଧାଡ଼ିଏ ନିରୋଳା କବିତା ପାଇଁ ୪୮
କିଛି କୁହାଯାଇନଥିବା କଥା ୫୦
ଯୁଦ୍ଧ ୫୧
ଦର୍ପଣ ୫୨
ଅନୁକ୍ରମ ୫୩
ଚିଠି ୫୬
ଭଲ କବିତା ୫୭
ତୁମ କଥା ୫୯

ଅନ୍ୟଦେଶ

ପଡ଼ୋଶୀ ୬୧
ଇମିଗ୍ରାଣ୍ଟ୍ ୬୩
ସୁନାମୃଗ ୬୫
ପଚିଶ ବର୍ଷର ସମୟ ୬୭
ନିଶବ୍ଦରେ ଝରିଯାଉଥିବା ତୁଷାରକଣିକା ୭୦
ମାନ୍‌ହାଟାନ୍‌ରେ ସନ୍ଧ୍ୟା ୭୨
କ୍ରୀତଦାସର କବିତା ୭୪
ୱିକ୍‌ଏଣ୍ଡ୍ ୭୭
ଡିସେମ୍ବର ୭୯
ପରିଚୟ ୮୧

ଗରିବ ଝିଅର ଗୀତ

ଗରିବ ଝିଅର ଗୀତ : ଆଶା	୮୩
ଗରିବ ଝିଅର ଗୀତ : ଦୁଃଖ	୮୫
ଗରିବ ଝିଅର ଗୀତ : ସ୍ୱପ୍ନ	୮୮
ଗରିବ ଝିଅର ଗୀତ : ମନ	୯୦

ସନେଟ୍

ଅନିୟନ୍ତ୍ରିତ ସନେଟ୍ : ବର୍ଷା	୯୨
ପୌଷ ସଞ୍ଜର ସନେଟ୍	୯୩
ତୁମ ଗାଁ ନଇ ଓ ଜହ୍ନରାତିର ସନେଟ୍	୯୪
ଏଇ ରାତିର ସନେଟ୍	୯୫
ଜୀବନର ସନେଟ୍	୯୬
ଆଜି ସନ୍ଧ୍ୟାର ସନେଟ୍	୯୭
ସ୍ୱପ୍ନର ସନେଟ୍	୯୮
ରତୁପର୍ଣ୍ଣା ଓ ଶରତର ସନେଟ୍	୯୯

ନୀରବତାର ସ୍ୱର

ଯାଚକ	୧୦୦
ସେଇଠି ଥା	୧୦୧
ଆରୋପ	୧୦୩
ନିଃସଙ୍ଗତା	୧୦୫
ନୀରବତା	୧୦୬
ଦୁଃଖପଦୀ	୧୦୭
ସ୍ରୋତ	୧୦୯
ନିଜ ଭିତରେ ନିଜେ	୧୧୧
ପ୍ରେମ ସରେନା କେବେ	୧୧୩

ଛନ୍ଦ-ମୟୂଖ

ଆମଗାଁ ସୂର୍ଯ୍ୟୋଦୟ	୧୧୫
ପ୍ରେମଗୀତିକା	୧୧୭
ରାତ୍ରିର ପ୍ରଥମ ପର୍ବ	୧୧୯
ମନ	୧୨୦
ଖରାଦିନର ହାଇକୁ	୧୨୨
ହୋରିର ଚାରୋଟି ଚିତ୍ର	୧୨୫
ନାରୀର ଛଅଟି ଚିତ୍ର	୧୨୭

ଶେଷ ସମ୍ଭାର

ନୂଆବର୍ଷ	୧୨୯
ଭଲକଥା ସବୁ	୧୩୧
ସରିଆସୁଥିବା ଗପ	୧୩୩

*Love, I'm weighing every word,
palming them, gauging
if their heft is right
to carry their message.*

*There's just one message:
love, which wants to be
selfless, serene,
is always and only*

*anything but:
needs to be noticed,
asks to be answered,
burns to be returned.*

*Love, when you weigh
these words yourself
as they flicker
on your inner screen,*

*be kind, be kind,
be kind to the small syllables
struggling upstream,
poor things terrified*

*that they'll expire
stranded in electronic sand,
crazy little things
whose one desire*

*is to strike home in you
before they die
and only if you say so
end in fire.*

Jonathan Galassi
American poet and publisher

ଝର୍କା ଖୋଲା ଥାଉ

ଆକାଶରୁ ସବୁବେଳେ ଖସେନା ଉଲ୍‌କା
ବେଳେବେଳେ ବିଶ୍ୱାସର ତାରାଫୁଲ ବି
ଝରିବାର ସଂଭାବନା ଥାଏ,
ଅଥବା ମାଟିର ଫୁଙ୍ଗୁଳା ଦେହର ବାସ୍ନା
କରିପାରେ ସମ୍ମୋହିତ
ହୋଇଗଲେ ବର୍ଷା ଅସରାଏ ।

ଆଜିକାଲି ପବନରେ
ତାତି ନାହିଁ
ବାରୁଦର ଗନ୍ଧ ନାହିଁ
ବନ୍ଧୁକର ଶବ୍ଦ ନାହିଁ
ତଥାପି ଚମକେ ଛାତି
ପତ୍ରଟିଏ ଝରିଗଲେ କାହିଁ !

ବାହାରେ ଅନ୍ଧାର ଖୁବ୍,
ଡର କିଆଁ ?
କେବଳ ଘର ଭିତରେ ନୁହଁ
ଆଜିକାଲି ଦେହ ଭିତରେବିତ
ନାହିଁ ନଥିବା ଅନ୍ଧାର !

ଝର୍କା ଖୋଲା ଥାଉ
ଶେଷ ଗଛଟି କଟିଗଲା ପରେ
ବଗିଚାରେ/ବଣରେ
ପକ୍ଷୀଟିଏ ହୁଏତ ଉଡିଆସିପାରେ
କାହିଁ କେତେବେଳେ, ଅସମୟରେ !

■

ଭୀମଭୋଇ

ଜଣେ ଅନ୍ଧ କବିହିଁ କେବଳ କହିପାରେ-
"ଏ ଜୀବନ ପଛେ ନର୍କେ ପଡିଥାଉ
ଜଗତ ଉଦ୍ଧାର ହେଉ"।
ଖ୍ୟାତି, ଯଶ, ଫୁଲମାଳ, କରତାଳି,
ସଭାସମିତି ଇତ୍ୟାଦି –
ଆଖି ଥିଲା କବିଙ୍କ ପାଇଁ।

ମୋ କବିତା କବଚ ହୋଇ ଯାଆନ୍ତାନି ?

ସ୍ୱାସ୍ଥ୍ୟବୀମା ହରେଇବାର ଭୟରେ
ମାକ୍‌ଡୋନାଲ୍‌ଡରେ କାମ କରୁଥିବା
ଅଶୀବର୍ଷୀୟା ବୃଦ୍ଧାଙ୍କ ପାଇଁ,

ସହରତଳି ଆବାସହୀନ ଆଶ୍ରୟସ୍ଥଳରେ ରହୁଥିବା,
ଦାତବ୍ୟ ଖାଦ୍ୟ ଟ୍ରକ୍‌କୁ ଅପେକ୍ଷା କରୁଥିବା
ବେସାହାରା ଲୋକଙ୍କ ପାଇଁ,

ବୃଦ୍ଧାଶ୍ରମର ଚାରିକାନ୍ଥ ଭିତରେ
ନିଜର ଅସ୍ତିତ୍ୱକୁ ଖୋଜୁଥିବା,
କେହି ନଆସୁଥିବା ରାସ୍ତାରେ ଅପଲକ ଆଖିରେ
ଦିନ ଦିନ ନଜର ବିଛେଇ ବସିଥିବା
ଏକାକୀ ବୃଦ୍ଧଙ୍କ ପାଇଁ,

କି ତୁଷାରପାତ ପରେ
ରାତି ଚାରିଟାରେ
ରାସ୍ତାରୁ ବରଫ ସଫା କରୁଥିବା
ଗାଡି ଚାଳକ ପାଇଁ।

ମୋ କବିତା କବଚ ହୋଇ ଯାଆନ୍ତାନି ?

ଆତତାୟୀର ଗୁଳି
ସ୍କୁଲ ପିଲାଙ୍କ ଛାତି ଛୁଇଁବା ପୂର୍ବରୁ
ମୋ କବିତା
କବଚ ହୋଇ ପଡେଇ ଦିଅନ୍ତାନି ଛାତି ?

■

୩୭୦

ଘରଟିଏ ତୋଳିବାକୁ
ଏମିତି ଗୁଣ୍ଡେ ଯାଗା
କିଏ ଦେଇ ପାରିବ
ଉପତ୍ୟକାରେ ?

ଡାଲ୍‌ର ଧାରେ ଧାରେ
ଜହ୍ନ ଉଇଁଲେ
ତାର ସୁଶୀତଳ ଜ୍ୟୋତ୍ସ୍ନା
ଡାଲ୍‌ରେ ଭାସୁଥିବା
ଶିକାରାକୁ ଛୁଇଁ
ପଡୁଥିବ ମୋ ଡ୍ରଇଁରୁମ୍‌ରେ ।

ଅଗଣାରେ ଛିଡା ହୋଇଥିବା
ବୁନିୟାଦି ଚିନାର୍ ଗଛରୁ
ସକାଳକୁ କୁଡେଇ ପଡୁଥିବ
ବୋଝ ବୋଝ
ହସନ୍ତା ସବୁଜ ପତ୍ର ।

ସଞ୍ଜ ହେଲେ
ଶଙ୍କରାଚାର୍ଯ୍ୟ ଉପରୁ
ଭାସି ଆସୁଥିବା

ପବିତ୍ର ଘଣ୍ଟାଧ୍ୱନିରେ
ତରଙ୍ଗି ଯାଉଥିବ
ଉପତ୍ୟକା ଓ
ସେ ତରଙ୍ଗ ଆସି
ନୀରବି ଯାଉଥିବ
ମୋ ଠାକୁରଘରେ ।

ଏମିତି ଗୁଣ୍ଡେ ଯାଗା
କିଏ ଦେଇ ପାରିବ
ତୋଳିବାକୁ ଘରଟିଏ
ଉପତ୍ୟକାରେ ?

ଆଜି ସେ ସକାଳ ଆସିଛି

ଏମିତି ସକାଳ ଆସେ
ଯେଉଁଦିନ ପବନରେ ଶୁଣାଯାଏ
ବିଶ୍ୱାସର ସୁମଧୁର ସ୍ୱର ।

ଏମିତି ସକାଳ ଆସେ
ଯେଉଁଦିନ ସୂର୍ଯ୍ୟାଲୋକେ ଦିଶିଯାଏ
ଆତ୍ମୀୟତାର ଦ୍ୱାର ।

ଏମିତି ସକାଳ ଆସେ
ଯେଉଁଦିନ ଆକାଶରେ ଲେଖିହୁଏ
କେଇଧାଡି ମୁକ୍ତିର କବିତା ।

ଏମିତି ସକାଳ ଆସେ
ଯେଉଁଦିନ ବଗିଚାରେ
ନିଷ୍ପାପ ଫୁଲଟିଏ ଫୁଟେ
ଯାହାକୁ ପ୍ରଜାପତି
କହିପାରେ ନିଜ ମନ କଥା ।

ଏମିତି ସକାଳ ଆସିଲେ
ଖୋଲିଦିଅ ମନ
ଖୋଲିଦିଅ ଆତ୍ମା

ଓ ହୃଦୟର ସମସ୍ତ
ନିବୁଜ ଝରକା।

ଏମିତି ସକାଳ ଆସିଲେ
ସବୁକିଛି ଲାଗେ ଆପଣାର
ଦୁନିଆ ଦେଖାଯାଏ ଅତ୍ୟନ୍ତ ସୁନ୍ଦର।

ଏମିତି ସକାଳ ଆସିଲେ
ସବୁକିଛି ନିର୍ଲିପ୍ତ ନିଷ୍କାମ
ଆପେଆପେ ହୋଇଯାଏ ପ୍ରେମ।

ଏମିତି ଲାଗୁଛି
ଆଜି ସେ ସକାଳ ଆସିଛି।

ଏମିତିକା ସ୍ୱପ୍ନ

ଗଛ ସ୍ୱପ୍ନ ଦେଖିଲେ ଫୁଲ ଫୁଟେ।

ଦୂର ଆକାଶରେ
ଯେଉଁ ଇନ୍ଦ୍ରଧନୁ ଦେଖୁଛ
ସେ ତ ଆକାଶର ସ୍ୱପ୍ନ।

ପ୍ରଥମେ ମୁଁ ମୋର ସ୍ୱପ୍ନମାନଙ୍କୁ
ଡଙ୍ଗାରେ ରଖି ଭସେଇଦେଲି ସମୁଦ୍ରରେ।
ତାପରେ ଆଙ୍ଗୁଠିରେ ସମୁଦ୍ରକୁ ଦୁଇଭାଗ କରି
ରାସ୍ତା ତିଆରିକଲି ସମୁଦ୍ରର ଗଭୀରତମ ବିନ୍ଦୁକୁ।
ଏବେ ମୋ ପାପୁଲିରୁ ଥପ୍‌ଥପ୍ ହୋଇ
ଝରିପଡୁଥିବା ସ୍ୱପ୍ନରେ
ରଙ୍ଗୀନ୍ ହୋଇଯାଉଛି ସମୁଦ୍ରର ବେଳା।
ଦୂରରୁ ଭାସିଆସୁଚି
ଛଳନାର ଯେଉଁ ଶୀତଳଲହରି
ମୋ ସ୍ୱପ୍ନଭରା ଡଙ୍ଗାକୁ
ନେଇଯିବ ସମୁଦ୍ରର ଅତଳ ଗର୍ଭକୁ।
ଯେବେ ପାଣିସବୁ ବରଫ ପାଲଟିବେ
ଢେଉସବୁ ସ୍ଥିର ହୋଇଯିବେ
ହୁଏତ ସତ ହୋଇଯିବେ ସ୍ୱପ୍ନସବୁ।

ତୁମର ସ୍ୱପ୍ନ ଦେଖିବାର ଢଙ୍ଗ କିନ୍ତୁ
ବଡ ନିଆରା ।
ତୁମେ ମୋର ସ୍ୱପ୍ନ
ଓ ମୋ ପରି ସ୍ୱପ୍ନ ଦେଖୁଥିବା
ଅନ୍ୟମାନଙ୍କ ସ୍ୱପ୍ନଉପରେ ପାଦରଖି
ଆଗକୁ ପାଦ ବଢାଅ
ତୋଳିବାକୁ ଦୂର ଆକାଶରେ ଝୁଲୁଥିବା ସ୍ୱପ୍ନଙ୍କୁ ।

କିଛି ପ୍ରେମ କିଛି ସରଳତା

କିଛି ପ୍ରେମ
କିଛି ସରଳତାକୁ ନେଇ

ଛୋଟ ଝରଣାଟି
ପଥର କୋଳରୁ ବାହାରେ
ଓ ଡେଇଁଡେଇଁ ଗୀତ ଗାଇଗାଇ
ଦିନେ ହୋଇଯାଏ ନଈ

ଅଗଣାରେ ଘରଚଟିଆଟି
ସକାଳୁ ସଞ୍ଜଯାଏ
ମୁଠିଏ ତଣ୍ଡୁଳ ସଙ୍ଗେ
ଖେଳୁଥାଏ କେତେ ରକମର ଖେଳ
ପବନର ହାଲକା ଛୁଆଁରେ
ଲାଜରେ ଲୋଟିଯାଉଥାଏ
କୁଆଁରୀ ଧାନକେଣ୍ଡା

ଗାଁ ଗୋହିରୀର ଘୁମନ୍ତ ଦେହରେ
ଶଗଡଚକର ଚିହ୍ନ
ମନେରଖିଥାଏ ପ୍ରଥମ ପ୍ରେମକୁ

ଯେମିତି ରୂପା ପାଉଁଜିଟେ ପରି
ତୁମ ପାଦରେ
ଦିନ ରାତି ଜଡି ରହିଥାଏ ମୁଁ।

ହେଲେ, ପାଦ ଧୀରେ ପକାଇବ
ନାଇଁତ
ପାଉଁଜି ଛାତିରୁ ବି ରକ୍ତ ଝରିଯିବ।

ବ୍ୟାସକବି

ଆପନି କେମନ ଆଛେନ୍?

ଟ୍ରେନ୍ ବାଲେଶ୍ୱର ପାର ହେଲେ
ଭାଷା ବଦଳିଯାଏ
ଦେଖେଇବାକୁ ଯେ
ନୋବେଲ୍ ପାଇଥିବା ଜାତି ପାଇଁ
ଆମେ କେତେ ଗର୍ବିତ !

ନ୍ୟୁୟର୍କ ସହର ଟାଇମ୍‌ସ ସ୍କୋୟାର୍ ତଳେ
୧୯୫ ଲୋକଙ୍କ ସହ
ମୁଁ ଛିଡା ହୋଇଛି,
ମୋ ହାତରେ ଛବିଳ ମଧୁ ବର୍ଣ୍ଣବୋଧ।

ତୁମେ ଯଦି ଏବେ ଥାନ୍ତ ବ୍ୟାସକବି,
କଣ ଏତେ ଅସ୍ପଷ୍ଟ ହୁଅନ୍ତା
ଆମ ଉଚ୍ଚାରଣ ?

■

ଗୀତ

ଦୂର ପାହାଡ ମଝିରେ ଥିବା
ନିସ୍ତବ୍ଧ ଉପତ୍ୟକାରୁ
ରହି ରହି ଭାସିଆସୁଥିବା
ଗାଈଆଳର ଅନାବନା ଗୀତ

ଫୁଲର ଠିକଣା ଖୋଜି
ନାଚି ନାଚି ଉଡିବୁଲୁଥିବା
ଏକାକୀ କଳାଭଅଁରର
ଗୁଣୁଗୁଣୁ ମତୁଆଲା ଗୀତ

ଛୋଟ ଝିଅଟିର
ନରମ ଆଙ୍ଗୁଠିଛୁଆଁରେ
ପିଆନୋରୁ ଉତୁରିଆସୁଥିବା
ମନମତାଣିଆ ଗୀତ

ଖୋଲା ଆକାଶରେ
ନିର୍ବିଘ୍ନରେ ଉଡିଯାଉଥିବା
ଅଚିହ୍ନା ପକ୍ଷୀର
ବୁଝାପଡୁନଥିବା ଗୀତ

ଏ ସବୁ ଶୁଣିଲାପରେ
କିଏ ଜାଣିଥିଲା
ଭୁଲିଯାଇଥିବା ଗୀତଟେ ପରି
ହଠାତ୍ ଦିନେ

ତୁମେ ଓଠ ଉପରକୁ ଓହ୍ଲେଇ ଆସିବ
ଅତି ପ୍ରିୟ ଗୀତଟିଏ ହୋଇ !

ଝିଅ

ଆଜି ଝିଅ ଗଲା
ଗଲା ବୋଲିତ ଅଗଣାରେ
ମୁରୁକିଲା ଫୁଲ ମଉଳି ଗଲା।

ଏବେ ଆସିଥିଲା
ସାଥିରେ ଆଣିଥିଲା
ହରିଣୀର ଚଞ୍ଚଳତା
ତଟିନୀର ଚପଳତା
ସାରାଘର
ତା' ପାଉଁଜିର
ଛମ୍‌ଛମ୍‌ ଶବ୍ଦରେ ମୁଖର
ଗଲା ତ ଗଲା
ସାଥିରେ ସବୁ ନେଇଗଲା
ରହିଗଲା ଯାହାକିଛି
ନିଶବ୍ଦ ଅନ୍ଧାର।

ଝିଅ ମାନେ ସବୁବେଳେ ଏମିତି
ପାଣିକୁ ପଥର କରି
ଛାତିରୁ ରକତ ଝାରି
ନିଜର ସ୍ୱପ୍ନକୁ ନେଇ

କ୍ଷେତ ଉଜୁଡେଇ
ଡେଣାଝାଡି ଉଡିଯାଆନ୍ତି ।

ଆଜି ଝିଅ ଗଲା
ଗଲା ବୋଲିତ
ବାଦଲ ନାହିଁ କି ବିଜୁଳି ନାହିଁ
ହଠତ୍ ଅସରାଏ ବର୍ଷା ହୋଇଗଲା ।

■

କବିତାର କଳା (୧)

କଙ୍ଗୋର କଙ୍କାଳସାର ଭୋକିଲା ପେଟରୁ
ସମ୍ରାଟଙ୍କ ମାୟା ମହଲ ପର୍ଯ୍ୟନ୍ତ

କବିତା ସ୍ଥିର କରିପାରେ ନିଜ ଚଲାପଥ
କଣ୍ଟକିତ ଅବା କୁସୁମିତ

ନିର୍ଦ୍ୱନ୍ଦ୍ୱରେ ଜାଳିପାରେ ମୁକ୍ତିର ମଶାଲ
ଅଥବା ବାନ୍ଧିପାରେ ପାଦରେ ଜଞ୍ଜିର

ଶୈଳଶ୍ରୀ ବିହାରଠୁ ସାନ୍‌ଫ୍ରାନସିସ୍‌କୋ ପର୍ଯ୍ୟନ୍ତ
ମୁଖରିତ କବିତାର ନିଃଶବ୍ଦ ଆସର

ପାର୍ଶୀ ସୁନ୍ଦରୀର ପ୍ରେମରେ
ଆହତ ଆମେରିକୀୟ ସୈନିକ

ଲେଖିପାରେ କବିତା ନିଜ ରକ୍ତରେ
ବାଗ୍‌ଦାଦ୍‌ର ରାଜ ରାସ୍ତାରେ

ହଜରତବଲ ଦରଘାରେ
ଫୁଟିଲାବେଳେ ହାତବୋମା

ଭାରତୀୟ ଜୱାନ ଲେଖୁଥାଏ କବିତା
କମାଣ ମୂନରେ, ଲାଲବାଗ ବଙ୍କର ଭିତରେ

କବିତା ପୋତିପାରେ ଜହ୍ନରେ ପତାକା
ପୋଛିପାରେ ଉଦାସୀ ଆଖିର ଲୁହ

କବିତା ଶାଖାମେଲି ଅନାୟାସରେ ବାହାରି ଆସେ
ଆମ୍ବାରୁ, କେତେବେଳେ ବରଗଛ ଝଙ୍କା

ପୁଣି କେତେବେଳେ ଆବେଗରେ ଭରପୂର
ତୁମଗାଁ ନଇ ଅଙ୍କାବଙ୍କା ?

■

କବିତାର କଳା (୨)

କବିତା ମଲ୍ଟିପ୍ଲେକ୍ସ ଲବିରେ
ବିକ୍ରିହେଉଥିବା ପପ୍‌କର୍ଣ୍ଣ ପ୍ୟାକେଟ୍
କି ଡିପାର୍ଟମେଣ୍ଟାଲ୍ ଷ୍ଟୋରରେ ମିଳୁଥିବା
ସ୍ନୋ, ପାଉଡର, ଅତର ଡବା ନୁହଁ ଯେ
ତାକୁ ନେଇ କରିବ ଆକଳନ
ନିକିତିରେ ରଖି ମାପିବ ଓଜନ
ଥର୍ମୋମିଟରରେ ପରଖିବ ଉଷ୍ମତା
ଟାଣିବ ଗ୍ରାଫ୍
ଓ ତାର ଅସ୍ତିତ୍ୱକୁ ନେଇ କରିବ ଭବିଷ୍ୟବାଣୀ।

ତୁମେ ଆଲୋଚନା କର
କି ସମାଲୋଚନା
ଯାହା କରୁଛ, ନିଜ ରିସ୍କରେ।
ତୁମେ ବୁଝ କି ନବୁଝ
ଯାହା କହିବାର କଥା
କୁହାସରିଛି ତାହା।

କବିତା ଭିତରେ ଲୁଚିରହିଛି
ସମୁଦ୍ର ସମୁଦ୍ର ଢେଉ
ଅଥଚ ତୁମେ
ବେଳାରୁ ଢେର ଦୂରରେ ପଡିଥିବା

ପଥର ଉପରେ ବସି
ପ୍ରୟାସ କରୁଛ ମୁକ୍ତା ଖୋଜିବାର ।

ଆକାଶରେ ନିରବଧି ଉଡୁଥିବା
ଅୟସ୍କ ପକ୍ଷୀ କବିତା
ଯିଏ ଜନ୍ମନିଏ ଉଦୟ ସୂର୍ଯ୍ୟର ଆଭାରୁ
ତୁମେ ବ୍ୟାଧର ବାଟୁଳି ଧରି
ସେମିତି ଛିଡାହୋଇଥା
ଆଲୋଚନା/ସମାଲୋଚନାର
ଅଣଓସାରିଆ କଣ୍ଟାଝଟା ରାସ୍ତାମଝିରେ
ଯାହା କରୁଛ କରୁଥା, ନିଜ ରିସ୍କରେ ।

■

ଧାଡିଏ ନିରୋଳା କବିତା ପାଇଁ

ଏମିତି କେଉଁଠି ଯାଗା ଟିକିଏ ଅଛି
ଯେଉଁଠି ଶବ୍ଦମାନେ
ଝରଣାର ପାଣି ପରି
ଅନାବିଳ ଓ ସ୍ୱଚ୍ଛ !

ଯେଉଁଠି ଏ ଦେହକୁ ଛାଡି
ଏ ବସତିକୁ ଛାଡି
ଏ ବାୟୁମଣ୍ଡଳକୁ ଛାଡି
କେବେଠୁ ଚାଲିଯାଇଛି ଅହଂ !

ଯେଉଁଠି ପ୍ରକୃତି ଛିଡାହୋଇଛି
ଆଲିଙ୍ଗନ ମୁଦ୍ରାରେ
ଏବଂ ମଣିଷ ସମର୍ପିଦେଇଛି ନିଜକୁ !

ଯେଉଁଠି
ସୁଖ
କାମନା
ବାସନା
ମୋହ
ଶକ୍ତି
ପ୍ରେମ

ତ୍ୟାଗ
ମାନବିକତା
ଅର୍ଥ ପାଉଛି
ଶବ୍ଦର ମାଧ୍ୟମରେ ।

ଏମିତି କେଉଁଠି ଯାଗା ଖଣ୍ଡେ ଅଛି
ଯେଉଁଠି ମୂହୁର୍ତ୍ତେ ଜୀଇହେବ କବିଟିଏ ହୋଇ
ଓ ଲେଖିହେବ ଧାଡିଏ ନିରୋଳା କବିତା !

■

କିଛି କୁହାଯାଇନଥିବା କଥା

ପଞ୍ଜୁରୀ ଭିତରେ
ଲୁହାର ଦାନା ଖୁଣ୍ଟୁଥିବା ପକ୍ଷୀ ନୁହେଁ
ଡ୍ରଇଁରୁମ୍‌ରେ ସଜାହୋଇଥିବା ଫୁଲଦାନୀ ନୁହେଁ
ଶିଖରରେ ଏକା ଏକା
ଛିଡା ହୋଇଥିବା ଲୋକଟି କବି ।

ଯେଉଁ ଋତୁ କେବେ ଆସେ ନାହିଁ
ସେ ଋତୁ ହିଁ କବି ।

ମଧ୍ୟରାତ୍ରୀର ଗଭୀର ନୀରବତାରେ
କବାଟ ସେପାଖରୁ ଶୁଣାଯାଉଥିବା ଠକ୍‌ଠକ୍ ଶବ୍ଦ
ଲାଗେ ଅର୍ଥପୂର୍ଣ୍ଣ ।
ଶବ୍ଦର ବୀଜରୁ ସୃଷ୍ଟିହୁଏ ଜୀବନର ମହାଦ୍ରୁମ ।

ଯେଉଁ କଥା କେବେ କୁହାଯାଏ ନାହିଁ
ସେଇ କଥା ହିଁ କବି ।

■

ଯୁଦ୍ଧ

କବିତା
ବିଶ୍ୱଯୁଦ୍ଧଠୁ ବି
କମ୍ ନୁହେଁ କିଛି।

ମୋତେ ହିଁ
ଛିଡାକରେ
ମୋ ବିପକ୍ଷରେ ?

ମୁଁ
ଏବଂ
ଶବ୍ଦାସ୍ତ୍ର।

ଦର୍ପଣ

ବାଦଲ ବି ମିଛ କୁହେ
ଆଲୁଅ ବି ମିଛ କୁହେ
ଆଖି
ସ୍ବପ୍ନ ନୁହଁ
ଚିରନ୍ତନ ଧୋକାର ଦର୍ପଣ

ଦେଖି ଦେଖି ମିଛ
ଥକେ ନାହିଁ କେବେ
ବଢି ବଢି ଯାଏ
ଅନ୍ଧପଣ ।

ଅନୁକ୍ରମ

(୧)
ଟ୍ରେନ୍ ଝର୍କା ଦେଇ
ବାହାରକୁ ଚାହିଁଥିବା ବେଳେ
ଅଳିଆ ଆବର୍ଜନା, ନାଳ ନର୍ଦ୍ଦମା ଘେରା
ରେଳଲାଇନର ଦୁଇପାଖରେ ଥିବା
ଚାଳିଘର ଦେଇ ଯେତେବେଳେ
ଟ୍ରେନ୍ ଗତିକରୁଥାଏ ଆଗକୁ,
ଟ୍ରେନ୍ ଭିତରକୁ ଫେରାଇ ଆଣନି ଆଖି
ବରଂ ସେଇ ଛୋଟଛୋଟ ଘରେ ରହୁଥିବା
ମଣିଷମାନଙ୍କ କଥା ଭାବ,
ସେମାନଙ୍କର ପିଲାମାନେ
କେମିତି ଯାଉଥିବେ ସ୍କୁଲ,
ଖେଳୁଥିବେ କେଉଁ ଖେଳନାରେ,
ମନ ଭିତରକୁ ଥରେ ଆଣ ଏମିତି ସବୁ କଥା ।

(୨)
ସହରର ନିତିଦିନିଆ ଭିଡରେ
ଅଫିସ୍‌ର କାର୍ଯ୍ୟବ୍ୟସ୍ତତାରେ
ଷ୍ଟାଡିଅମ୍‌ର ଲୋକଗହଳିରେ
ଦଶହରା ଭସାଣିରେ
ମେଳାରେ

ମହୋତ୍ସବରେ
ପ୍ରତ୍ୟେକ ମୁଖରିତ ମୁହୂର୍ତ୍ତରେ-
ଛୁଇଁବାକୁ ଚେଷ୍ଟାକର ନୀରବତାକୁ ।

(୩)
ନିଜ ଭିତରେ
ସବୁବେଳେ ନିଜକୁ ନୁହେଁ
କେତେବେଳେ କେମିତି
ଆଉ କାହାକୁ ଦେଖ,
ଯେମିତି ରାସନ ଧାଡିରେ
ଛିଡା ହୋଇଥିବା ଅର୍ଦ୍ଧୃତ ବେହେରା
କି ଘରେ ପୋଛା ଲଗୋଉଥିବା ଅନନ୍ତା ମା
କି ପବନରେ ଉଡିଯାଉଥିବା ଶୁଖିଲା ପତ୍ର
କି ଦ୍ୱିପ୍ରହର ଖରାରେ ପଡିଆରେ ଚରୁଥିବା କାଳି ଗାଈ ?

(୪)
ଯେତେବେଳେ ମନଭିତରେ
ବିଜୁଳି ମାରିଲାପରି
ଦୁଇଧାଡି କବିତା ହଠାତ୍ ଆସିଯାଏ
ଆଉ ଟ୍ରାଫିକ୍ ଆଲୁଅରେ ଗାଡି ଅଟକିଯାଏ
କାଗଜ ନଥିଲେବି ପାପୁଲି କି କଟିବନ୍ଧରେ
କଲମ ନଥିଲେ ବି ଆଖି ଲାଇନର୍
କି ଲିପ୍‌ଷ୍ଟିକ୍
କି ଯାହା କିଛି ସାମ୍ନାରେ ମିଳିଲା ସେଥିରେ
କଏଦ୍ କର ସେ ଧାଡିସବୁକୁ
ପ୍ରାର୍ଥନା କର ଯେମିତି
ଟ୍ରାଫିକ୍ ଆଲୁଅ ଲାଲ୍ ହୋଇ ରହିଥାଏ
ଆଉ କେଇ ମୁହୂର୍ତ୍ତ ?

(୫)

ସମୟଠୁ ଚୁପ୍‌ଚାପ୍ ମୁକୁଳିଯାଇ
ଅନ୍ୟ ଏକ ଦୁନିଆରେ ପାଦରଖ
ଯେଉଁଠି ସବୁ ଅନୁଭବ ଅନ୍ତରଙ୍ଗ ଲାଗେ
ଯେଉଁଠି ବାଦଲ୍ ହୋଇଯାଏ
ପ୍ରିୟତମାର ଘନକୃଷ୍ଣ କେଶ
ପାପୁଲି ହୋଇଯାଏ ପଦ୍ମପତ୍ର
ମନ ହୋଇଯାଏ ଆକାଶ
ଓ ଶବ୍ଦ ହୋଇଯାଏ ଶୋଷ।

(୬)

ସୁଖ ସବୁ ବାଣ୍ଟିଦିଅ
ଅଥବା ବିଞ୍ଚିଦିଅ ଅରଣ୍ୟରେ, ସମୁଦ୍ରରେ
ଦୁଃଖ ସବୁ ସାଉଁଟ, ଆପଣାଅ
ଦେଖିବ, ଆଖିରୁ ଝରିଯାଉଥିବା
ନିରୋଳା ଲୁହ ବୁନ୍ଦାରୁ
କେମିତି ଲେଖି ହୋଇଯିବ
ସୁନ୍ଦର କବିତା।

ଚିଠି

ଆଜି ଚିଠି ଆସିଛି
କବିତାର ସହରରୁ
କିଏ ଖବର ଦେଇଛି,
ରାଣ ଦେଇ
ଆସିବାକୁ କହିଛି।

ପ୍ରତିଟି ଶବ୍ଦରେ ତାର
ଭରିରହିଛି ଆବେଗ
ପ୍ରତିଟି ଧାଡିରେ
ନମନୀୟତା, ଆତ୍ମୀୟତା।

ଫେରନ୍ତା ଠିକଣା ତାର
ଲିଭିଯାଇଛି
ଆଖିର ଲୁହରେ,
ତଥାପି ଖୋଜିବାକୁ ହେବ
ସେ ସହରକୁ ଫେରିବାକୁ ହେବ।

ଯେତେବି ସମୟ ଲାଗୁଛି, ଲାଗୁ।

ଭଲ କବିତା

ଟ୍ରକ୍ ଡାଲାରେ
କଙ୍କ୍ରିଟ୍ ଲଦା ହେଲା ପରି
ମୋ ପାଖରେ ଶବ୍ଦ,
ଗୋଟାକ ଉପରେ ଗୋଟିକୁ
ରଖି ରଖି ଗଲେ
ଛୁଇଁବ ଆକାଶକୁ
ହେଲେ, ସେ ସବୁରେ ମୋର କି କାମ ?
ଯଦି ତାକୁ ନେଇ
ଲେଖିଥିବା କବିତା
ଛୁଇଁ ନପାରିଲା ତୁମ ମୀନାକରା ମନ ?

ଉଇଁ ଆସୁଥିବା
ସୂର୍ଯ୍ୟର ପ୍ରଥମ କିରଣରୁ
କେତେବେଳେ କେମିତି
ହଳଦୀବସନ୍ତଟିଏ ଉଡିଆସେ
ଓ ପାପୁଲି ଉପରେ ବସେ,
ନିର୍ଭୟରେ ଆଖିରେ ଆଖି ମିଳାଏ
ପୋଖରୀର ନିର୍ମଳ ସ୍ଥିର ଜଳ ପରି
ତା ଜୁଳୁଜୁଳୁ ଆଖିରେ
ନିଜର ପ୍ରତିଛବି
ସ୍ୱଷ୍ଟ ଦୃଶ୍ୟମାନ ହୁଏ,

ତା ଗୁଣୁଗୁଣୁ ଗୁମୁରାରେ
କେତେବେଳେ ଶୁଣାଯାଏ
ସମୁଦ୍ରର ଉତ୍ତାଳ ସ୍ୱର ତ
ଆଉ କେତେବେଳେ
ଛୋଟ ଝିଅର ଆଙ୍ଗୁଠି ସ୍ପର୍ଶରେ
ପିଆନୋରୁ ଭାସି ଆସୁଥିବା
ହଂସଧ୍ୱନୀ କି କେଦାର।

ଇଶାରା ଦିଏ, ଉସ୍‌କାଏ
ସାଉଁଳେଇବାକୁ ତା କୋମଳ ଡେଣା
ସାଉଁଳେଇଦେଲେ
ଆବେଗଭରା ସ୍ମୃତିଟିକେ ଛାଡ଼ି
ସେ ଉଡ଼ିଯାଏ ଦୂର ଆକାଶକୁ।

ଭଲ କବିତା ଠିକ୍ ସେମିତି।

କବି ମନ ଭିତରେ ରହୁ କି ନରହୁ
ଭଲ କବିତାଟିଏ
ସବୁବେଳେ ଗୁଞ୍ଜରୁଥାଏ
ଉପଚେତନାରେ
ଆମରି ଭିତରେ।

ତୁମ କଥା

ଶବ୍ଦ ଆସେ ।

ଧରାଦେବା ଆଗରୁ ଉଭେଇଯାଏ
ଯେମିତି ଛୁଇଁବା ଆଗରୁ
ବର୍ଷାପାଣିରେ ମିଳାଇଯାଏ ବୁଦ୍‌ବୁଦ୍‌ ।

ଇଚ୍ଛାହୁଏ ସାଉଁଟିନିଅନ୍ତି ଦଶଆଙ୍ଗୁଠିରେ,
କୋଳେଇ ନିଅନ୍ତି
ହାତଧରି ପାଖରେ ବସାନ୍ତି,
ଧରାଦେଲେ ସିନା !

ଜନପଦରୁ ନଈଆଡକୁ ଲମ୍ବିଯାଇଥିବା
ସରୁ ଅଙ୍କାବଙ୍କା ପାଦଚଲା ରାସ୍ତାପରି
କାହିଁ କେତେ ଦୂରକୁ ଲମ୍ବିଯାଇଥାଏ
ମନଭିତରର ଭାବନା
ରାସ୍ତା ଦୁଇପାଖ ଲାଜକୁଳି ଲତାପରି
ଛୁଇଁଲାମାତ୍ରେ ଝାଉଁଳିଯାନ୍ତି ଶବ୍ଦମାନେ
ବୁଝିହୁଏନା ଏ ସମର୍ପଣ କି ପ୍ରତ୍ୟାଖ୍ୟାନ !

ତୁମଗାଁ ଜହ୍ନପରି
ସଞ୍ଜହେଲେ ଏଠିବି ଜହ୍ନ ଉଁଏ

ତୁମଗାଁ ମେଘପରି
ମେଘହେଲେ ଏଠିବି ଭୂଇଁ ତିନ୍ତେ
ତେବେବି ତୁମଗାଁ ଜହ୍ନ
ଏତେ ସୁନ୍ଦର କାହିଁକି ଦିଶେ !
ତୁମଗାଁ ମେଘ ମାଟିରେ ପଡିଲେ
କାହିଁକି ମହମହ ବାସେ !

ସେକଥା ଭାବିଲେ
ରାତିରେ ଆଖିକୁ ଆସେନା ନିଦ
ଲୁହହୋଇ ଶବ୍ଦମାନେ
ଝରିଯାନ୍ତି ନିଶବ୍ଦରେ
ସକାଳୁ ଦେଖେ
ଓଦା ତକିଆରେ ଲେଖାହୋଇଥାଏ
କେଇଧାଡି ମନଛୁଆଁ କବିତା ।

ପଡ଼ୋଶୀ

ମୋ ବାଁ ପଟ ପଡୋଶୀ ଭିଏତ୍‌ନାମୀ
ଡାହାଣପଟ ମେକ୍ସିକାନ୍
ୱିକ୍‌ଏଣ୍ଡ୍‌ରେ ମେକଙ୍ଗ୍, ମହାନଦୀ ଓ କଲରାଡୋ
ଗୋଟିଏ ଧାର ହୋଇ
ମିଶିଯାନ୍ତି ମିସିସିପି ସହିତ ।

:ମୋ ପରିବାର ସହିଦ୍ ହୋଇଥିଲେ ୧୯୬୫ ରେ
ଭିଏତ୍‌ନାମ ଯୁଦ୍ଧରେ, ମୁଁ ଥିଲି ଦଶ ବର୍ଷର
ମୋ ସହ ଅନେକ ଭିଏତ୍‌ନାମୀ ପିଲା
ଯୁଦ୍ଧ ଶରଣାର୍ଥୀ ହୋଇ ଆସିଥିଲୁ ଏ ଦେଶକୁ
ସମସ୍ତେ ନାଁ ବଦଳେଇ ଜନ୍ କି ପିଟର୍ ହୋଇଗଲେ
ମୁଁ ଯେଉଁ ନୁୟେନ୍ କୁ ସେଇ ନୁୟେନ୍
ଏବେବି ଭିଏତ୍‌ନାମର ଜହ୍ନ ମୋ ସ୍ୱପ୍ନରେ ନିଇତି ଆସେ ?

:ରିଓ ଗ୍ରେଣ୍ଡେକୁ ପହଁରିଛି ସାରା ରାତି
ପଛରେ ପଡିଥିଲା କୁମ୍ଭୀର
ବର୍ଡର ପୁଲିସର ଗୁଳିରେ କୁମ୍ଭୀର ମଲା
କୁମ୍ଭୀରର ଲାଲ୍ ରକ୍ତ ବର୍ଡର ପୁଲିସ୍ କୁ
ଚଖମା ଦେଲା, ମୁଁ ବଞ୍ଚିଗଲି
ପହଁରୁ ପହଁରୁ କେତେବେଳେ ହୋଇଗଲି ବେହୋସ
ଚେତା ଫେରିଲା ବେଳକୁ

ସେଓ କ୍ଷେତ ପାଖରେ ଥିବା
ପୁନର୍ବାସନ କେନ୍ଦ୍ରରେ ପାଇଲି ନିଜକୁ।

ମୁଁ, ବୌଦ୍ଧିକ ଅପ୍ରବାସୀ ସମୁହର ପ୍ରତିନିଧି
ଯା'ର ପାସପୋର୍ଟର ଗୋଟିଏ ପଟେ ତ୍ରିରଙ୍ଗା
ଆରପଟେ ୫୦ଟି ତାରା ଓ ୧୩ଟି ଲାଲ୍ ପଟି ଥିବା
ଆମେରିକୀୟ ପତାକାର ଚିତ୍ର।

ନୁୟେନ୍ - ଭିଏତନାମୀ, ଉତ୍ତରରୁ
କାର୍ଲୋସ୍ - ମେକ୍ସିକାନ୍, ଦକ୍ଷିଣରୁ
ମୁଁ ପୂର୍ବରୁ
ପଶ୍ଚିମରେ ପ୍ରଶାନ୍ତ ମହାସାଗରର ନୀଳ ନିର୍ଜନତା
ଆମେ ଅପ୍ରବାସୀ, ଆମେ ପଡୋଶୀ।

ମୋ ପଛ ପଡୋଶୀ ନାଇଜିରିଆନ୍
ମୋ ସାମ୍ନାରେ ଖୋଲା ପୃଥିବୀ
ଏବଂ ମୁକ୍ତିର ଏକ କଳ୍ପିତ ଲମ୍ବା ରାସ୍ତା
ଯାହା ପଡିଛି ମୋ ଘର ସାମ୍ନାରୁ
ଦିଗ୍‌ବଳୟ ପର୍ଯ୍ୟନ୍ତ।

■

ଇମିଗ୍ରାଣ୍ଟ୍

ତୁମେ ଭାବନି ଯେ
ମୁଁ ପାଦଚିହ୍ନ ଲିଭେଇ ଆସିଛି
ମୋ ମାଟିରୁ।

ମୁଁ ଯେଉଁ ଜମିରେ ପାଦ ରଖିଛି
ସେଠି ଫଳିଛି ସୁନା
ଯେଉଁ ଶାମୁକାରେ ହାତ ରଖିଛି
ସେଥିରୁ ବାହାରିଛି ମୋତି।

ନ୍ୟୁୟର୍କର ମାନ୍‌ହାଟାନରେ
ତୁମର ଷ୍ଟକ୍ ଏକ୍ସଚେଞ୍ଜ୍ ଛିଡାହୋଇଛି
ଭରାଦେଇ ମୋର ବଳିଷ୍ଠ ଗୋଡରେ
ୱାସିଂଟନର ରେଡ୍‌ମଣ୍ଡ୍‌ରେ
ଯେତେସବୁ ପ୍ରଦ୍ୟୋଗିକୀ ପରୀକ୍ଷା ନିରୀକ୍ଷା
ମୋର ପରିକଳ୍ପନା ସେ ସବୁ
ଇମିଗ୍ରାଣ୍ଟ୍ ବୁଦ୍ଧି ବାଣ୍ଟେ, ମୁଣ୍ଡ ବିକେନା।

ତୁମର ଯେତେସବୁ ଆବିଷ୍କାର, ଉଦ୍‌ଭାବନ
ସବୁଥିରେ ଲାଗିଛି ମୋର ହାତ
ନାପା ଭାଲିର ସବୁଜ ଅଙ୍ଗୁର କ୍ଷେତରେ
କି ଫ୍ଲୋରିଡାର ନାରଙ୍ଗୀ କମଳା ବଗିଚାରେ

ବିନା ସର୍ତ୍ତରେ ଖଟୁଛି ଇମିଗ୍ରାଣ୍ଟ୍
ତା ଦେହର ଝାଳରେ
ପୁରିଛି ତୁମ ୱାଇନ୍ ଓ ଫଳରସର ବୋତଲ
ଇମିଗ୍ରାଣ୍ଟ୍‌ର ଛାତିତଳ ଅକୁହା କୋହରେ
ଲେଖା ଯାଇଛି
ତୁମ ଦିଗ୍‌ବିଜୟର ବେସୁରା ଗଜଲ୍ ।

ମନେରଖ,
ଯେତେବେଳେ ଧାନ ପାଚେ
ଅମଳର ଋତୁ ଆସେ
କାହାର ଆବାହନୀ ସ୍ୱର ଶୁଣାଯାଏ କାନକୁ,
ଇମିଗ୍ରାଣ୍ଟ୍ ପୁଣି ଥରେ ଫେରିଆସେ
ମାଟିର କୋଳକୁ ।

■

ସୁନାମୃଗ

ସୁନାମୃଗ ମାଗିଲ ବୋଲିତ
ଦଉଡି ଆସିଲି ସାତ ସମୁଦ୍ର
ତେର ନଈ ପାରହୋଇ
ଯୋଜନ ଯୋଜନ ଦୂର
ସବୁକିଛି ସମ୍ପର୍କକୁ କାଟି।
ଏବେ କହୁଛ ମୃଗ ଫୃଗ
କିଛି ଆଉ ଲୋଡା ନାହିଁ
ସବୁ କାଳେ ମାୟା, ପ୍ରହେଳିକା
ପାରିବତ ଫେରାଇଦିଅ
ମୋର ଅପନ୍ତରା ଜନ୍ମ ଭିଟା ମାଟି।

ସୁନାମୃଗ ମାଗିଲ ବୋଲିତ
ପଛରେ ଛାଡିଆସିଲି ପିଲାଦିନ
ଧୂଳିଘର ସବୁଜ ଫସଲ
ପବନରେ ଝୁଲୁଥିବା
ନେନ୍ଥା ନେନ୍ଥା ତମାଳ ଟଗର
ଲଙ୍ଗଳମୂନରେ ଲେଖା
କେରା କେରା ମାଟିର ସିଆର।
ଏବେ କହୁଛ ମୃଗ ଫୃଗ
କିଛି ଆଉ ଲୋଡା ନାହିଁ
ଲୋଡା ନାହିଁ ହୀରା ଆଉ ନୀଳାର ଭଣ୍ଡାର

ଲୋଡା ନାହିଁ ମର୍କତର ଚନ୍ଦ୍ରଲେଖା ହାର
ପାରିବତ ଫେରାଇଦିଅ
ମୋ ଗଭାର ଅଧାଗୁନ୍ଥା ଶ୍ୱେତ ମଲ୍ଲୀମାଳ ।

ସୁନାମୃଗ ମାଗିଲ ବୋଲିତ
ପଛରେ ଛାଡିଆସିଲି ନଈକୂଳ
କାଶତଣ୍ଡୀ ଓ ପବନର ବୋହୁଚୋରି ଖେଳ
ଶ୍ରାବଣୀର ପାଦେ ବନ୍ଧା
ନୂପୁରର ଉଚ୍ଛାଙ୍ଗ ଝଙ୍କାର
ବୋଉର ପଣତକାନି
ଗାଆଁର କିଶୋରୀ ମନ
ସେ ମନର ଦର୍ପଣରେ
ଦିଶୁଥିବା ସ୍ୱପ୍ନ ଢଳଢଳ ।
ଏବେ କହୁଛ ମୃଗ ଫୃଗ
କିଛି ଆଉ ଲୋଡା ନାହିଁ
ଲୋଡା ନାହିଁ ଆକାଶକୁ ଛୁଉଁଥିବା
ସୁନାର ପ୍ରାଚୀର ଘେରା ମୃତ୍ୟୁର ମହଲ
ଲୋଡା ନାହିଁ ପ୍ରବାସର କଂସ କାରାଗାର
ପାରିବତ ଫେରାଇଦିଅ
ମୋ ଆଖିର ଅଧାପିନ୍ଧା ପ୍ରୀତିର କଜ୍ଜ୍ୱଳ ।

■

ପଚିଶ ବର୍ଷର ସମୟ

ପଚିଶ ବର୍ଷ ତଳେ
ନଈକୂଳେ ଛାଡି ଆସିଥିଲି
ଗୋଟେ ନହନହକା ଚପଳ ମନ
ଆଖିରେ ଖୁନ୍ଦି ହୋଇଥିଲା
ପରସ୍ତ ପରସ୍ତ ସ୍ୱପ୍ନ, ଚଞ୍ଚଳତା
ସେ ମନ ବି ଦିନେ
ସକାଳ ଆକାଶରେ ଖୋଜି ବୁଲୁଥିଲା
ପୂର୍ଣ୍ଣମୀର ପୂରନ୍ତା ଜହ୍ନ।

କାହାର ଦୃଷ୍ଟି ପଡିଯିବ ବୋଲି
ମଥାରେ ଲଗେଇ ଦେଇଥିଲି କଜଳର ଟୀକା
ବାହୁରେ ବାନ୍ଧିଦେଇଥିଲି ଅଭୟ ଡେଉଁରିଆ
ବେକରେ ତାବିଜ
ଏମିତି କାହାକୁ ଭୁଲିଯିବା କଣ ଏତେ ସହଜ ?

ପଚିଶ ବର୍ଷ ତଳେ ଛାଡି ଆସିଥିଲି
କୁଆଁରୀ ନଈର ଭରପୁର ଯୌବନ
କାଶତଣ୍ଡୀର ଢେଉଢେଉକା ମନଚୋରା ଗୀତ
ଓଦା ମାଟିର ମହମହ ବାସ୍ନା
ପଦ୍ମପତ୍ର ପାପୁଲିରେ
ମୋର ଢଳଢଳ କୋମଳ ହୃଦୟ

କହି ଆସିଥିଲି - ସରାଗରେ ସାଇତିବ
ଏଇ ଗାଁ ଏଇ ମାଟି ମୋର ଅତି ପ୍ରିୟ
ଦେହ ସିନା ଅଛି ପ୍ରବାସରେ
ମନକୁ ଆସିଛି ବାନ୍ଧି
ସେ ଗାଁର ନରମ ମାଟିରେ।

ପଚିଶ ବର୍ଷ ପରେ
ଏବେ ଯେମିତି
ସରିଯାଇଛି ପବନରୁ ଶୀତଳତା
ଲିଭିଯାଇଛି ପଳାଶ ଓଠରୁ ରଂଗ
ହଜିଯାଇଛି ଗୋହିରୀରେ ଶଗଡଚକର ଚିହ୍ନ
ଶୁଖିଯାଇଛି ନଈଧାର
ଝଡିଯାଇଛି କାଶତଣ୍ଡୀରୁ ଚଅଁର,
କେଉଁଠୁ ଆସିଲା ଗୋଟେ ସହରୀ ଶିକାରୀ
ବନ୍ଧୁକମୂନକୁ ରଖି ଗାଁର ମଥାରେ
ଲୁଟିନେଲା ସବୁକିଛି
ଛାଡିଗଲା ଯାହା କିଛି ବହଳ ଅନ୍ଧାର।

ପଚିଶ ବର୍ଷ ତଳେ ବିଜୁଳି ନଥିଲା
ତଥାପି ଗାଁ ଦାଣ୍ଡ
ରୂପାଥାଳି ପରି ଚକ୍‌ଚକ୍ କରୁଥିଲା
ଅନ୍ଧାରରେ ସମସ୍ତେ ସମସ୍ତଙ୍କୁ ଚିହ୍ନୁଥିଲେ
ହୃଦୟର ଆଖିରେ ଦେଖୁଥିଲେ
ଏବେ ବିଜୁଳି ଚୋରାଇ ନେଇଛି ଜହ୍ନରାତି
କେହି କାହାକୁ ଦେଖିବି ଦେଖୁନାହାନ୍ତି।

ପଚିଶ ବର୍ଷର ସମୟ
ଛଡେଇ ନେଇଛି
ଭାଇବନ୍ଧୁ ସଖା ସହୋଦର

ଚଳେଇ ଦେଇଛି ଖଣ୍ଡାଧାର।
ପଚିଶ ବର୍ଷ ତଳେ
ବାନ୍ଧି ଦେଇଥିଲି କର୍ପୂର
ରହିଯାଇଛି କନା
ଉଡିଯାଇଛି ଅତର।

ପଚିଶ ବର୍ଷ – ନଦେଖିଲେ ଲାଗେ
ସବୁକିଛି ଠିକ୍ ସେମିତି ହିଁ ଥିବ
ଦେଖିଲେ ଲାଗୁଛି ଯେମିତି ଏଭିତରେ
ବିତିଯାଇଛି ପଚିଶ ଯୁଗ !

ନିଶବ୍ଦରେ ଝରିଯାଉଥିବା ତୁଷାରକଣିକା

ଝର୍କାରୁ ବାହାରକୁ ଦେଖ
ଶ୍ୱେତ ତୁଷାରକଣିକାମାନେ
ଗୋଟିଗୋଟି ହୋଇ
ତାରାଫୁଲ ପରି
କେମିତି ଝରିଯାଉଛନ୍ତି ନିଶବ୍ଦରେ।

ଧୀରେଧୀରେ
ଗଂଗଶିଉଳିର ପାଖୁଡା ପରି
ଯେ ତୁଷାରକଣିକା ସବୁ
ଖେଳେଇଯିବେ ଅଗଣାରେ,
ଛାତରେ, ରାସ୍ତାରେ,
ବିଲ ପାହାଡ ସବୁଆଡେ
ଏକ ଶ୍ୱେତ ରଂଗର ଗାଲିଚା
ବିଛେଇ ହୋଇଯିବ ପୃଥିବୀ ଉପରେ।

କେବେଠୁ କହୁଛ
ଲଙ୍ଗ୍ ଡ୍ରାଇଭ୍ ରେ ଯିବା ପାଇଁ
ଆସ, ଆଜି ଯିବା
ଫେରିବାବେଳେ ଦୋକାନ ଖୋଲାଥିଲେ

କିଛି ମହମବତୀ ଓ ଡିଆଶିଲି ଆଣିବା
ମିସିସିପି କୂଳେକୂଳେ
ଯେଉଁ ଅଙ୍କାବଙ୍କା ରାସ୍ତା ଯାଇଛି
କୋଉଠୁ ଆରମ୍ଭ ହୋଇଛି ସେ ରାସ୍ତା
କୋଉଠିକୁ ଯାଇଛି
ଜଣାନାହିଁ ନାଏଗ୍ରା ଆଡକୁ
କି ନ୍ୟୁୟର୍କ ସହରକୁ
ସାରାରାତି ଡ୍ରାଇଭ୍ କରିବା
ଅକ୍ଷୟ ମହାଂତି ସିଡି ଲଗେଇବା
ଗୋଟେ ହାତ ଷ୍ଟିୟରିଂ ଉପରେ
ଆର ହାତ ତୁମ ହାତପରେ
କିଛି ରୋମାଣ୍ଟିକ୍ ସମୟ କାଟିବା
ସଫେଦ୍ ଧୂଳିପରି ତୁଷାର ପଡୁଛି
ଲଂଗ୍ ଡ୍ରାଇଭ୍‌ରେ ଯିବା ।

କେତେ ଅସହାୟ
ଆଜି ଆକାଶ ଲାଗୁଚି ଦେଖ
ହୃଦୟର ପ୍ରତିଟି ଅକୁହା କମ୍ପନ ପରି
ତୁଷାରକଣିକା ଝରିପଡୁଛି ନିଶବ୍ଦରେ
ନଦୀକୂଳ ଡେଙ୍ଗା ମ୍ୟାପଲ୍ ଗଛରେ
କାର୍‌ର ସାମ୍ନା କାଚରେ
ପାପୁଲିରେ
କାନଡେରି ଶୁଣ
ସେ ନିଶବ୍ଦତାର ଶବ୍ଦ
ଯାହା ଶୁଣିପାରୁଛ ତାହା
ଓ ଯାହା ଶୁଣିପାରୁନ ତା ବି ।

■

ମାନ୍‌ହାଟାନ୍‌ରେ ସନ୍ଧ୍ୟା

ହଡ୍‌ସନ୍‌ର ଡ୍ରେସିଂ ରୁମ୍‌ରୁ
ମାନ୍‌ହାଟାନ୍‌ର ରାମ୍ପ୍ ଉପରକୁ
ଜହ୍ନ ଯେତେବେଳେ
କ୍ୟାଟ୍‌ୱାକ୍‌ରେ ବାହାରିଆସେ
ଭୁଗୋଳ ଭୁଲିଯାଏ ସୀମାରେଖା
ଇତିହାସ ନିଜକୁ ସଜେଇ
ଛିଡାହୁଏ ବ୍ରଡ୍‌ୱେରେ।

ମାନ୍‌ହାଟାନ୍‌ରେ ସନ୍ଧ୍ୟାହେଲେ
ବିଲିଆର୍ଡ ବଲ୍‌ପରି
ସ୍ଥିତି ହରାନ୍ତି ସମସ୍ତ ଦେଶ
ରମିଟେବୁଲ୍ ଉପରେ
ରାତାରାତି ଭାଗ୍ୟ ବଦଳିଯାଏ କେଉଁ ଦେଶର
ତ ଆଉ କେଉଁ ଦେଶ
ସକାଳକୁ ହୋଇଯାଏ ସର୍ବହରା।

ମାନ୍‌ହାଟାନ୍‌ରେ ସନ୍ଧ୍ୟାହେଲେ
ସ୍ୱପ୍ନସବୁ ବିଅର୍ ଗ୍ଲାସରୁ
ଫେଣହୋଇ ଉତୁରିଆସନ୍ତି ଓଠକୁ
ଓଠରୁ ଷ୍ଟ୍ରିଟ୍‌କୁ
ଷ୍ଟ୍ରିଟ୍‌ରୁ ବ୍ଲୁ କି ଜାଜ୍‌ର

ମତୁଆଲା ସଂଗୀତକୁ
ଆଉ କେଉଁ ସ୍ୱପ୍ନ ଅଟକିଯାଏ
ଆଇରିଶ୍ ନର୍ତ୍ତକୀର ଅଙ୍ଗ ସୌଷ୍ଠବରେ
ଅଥବା ଟାଇମ୍ ସ୍କୋୟାରର ତଳେ
ଚୁମ୍ବନରତ ବିଦେଶୀ ପ୍ରେମୀଯୁଗଳଙ୍କ
ଆଲିଙ୍ଗନ ମୁଦ୍ରାରେ ।

ମାନ୍‌ହାଟାନ୍‌ରେ ସନ୍ଧ୍ୟାହେଲେ
ନୂଆ ଏକ ସମ୍ଭାବନା
ଜନ୍ମ ନେଉଥାଏ ପ୍ରତି ମୁହୂର୍ତ୍ତରେ
ଓ ରୂପ ନିଏ ପର ମୁହୂର୍ତ୍ତରେ ।

ମାନ୍‌ହାଟାନ୍‌ରେ ସନ୍ଧ୍ୟାହେଲେ
ମୁଁ ଏକଦମ୍ କୋଣ ଟେବୁଲରେ
ଚୁପ୍‌ଚାପ୍ ବସିରହେ
ଓ ମନଭିତର ଦେଇ ଯାଉଥିବା
କବିତାର ଧାଡିମାନଙ୍କୁ
ନୋଟ୍ କରୁଥାଏ ଟେବୁଲ୍ ଉପରେ
ପଡିଥିବା ବ୍ୟବହୃତ ନାପ୍‌କିନ୍‌ରେ ।

■

କ୍ରୀତଦାସର କବିତା

(୧)
ସ୍ୱପ୍ନ ଏକ ଭୌଗୋଳିକ କ୍ଷେତ୍ର ନୁହଁ
ଯେମିତି କେଉଁ ଏକ ଚୌହଦୀ ଭିତରେ
ଆବଦ୍ଧ ନୁହଁ କବିତା।

ସ୍ୱପ୍ନ ଦେଖୁଥିବା ଲୋକ
କେତେବେଳେ କୋଇଲା ଖଣିର
କଳା ମିଚିମିଚି ଅନ୍ଧାରି ଗୁମ୍ଫାରେ
ଅଥବା ସହରତଳି ପରିତ୍ୟକ୍ତ ସେଲୁନର
ଦରଭଙ୍ଗା କାଠଚଉକିରେ ବସି
ଦେଖୁଥାଏ ସ୍ୱପ୍ନ।

ମୋ ଦେହର ରଂଗ କଳା ବୋଲି
ମତେ ସ୍ୱପ୍ନ ଦେଖିବାକୁ ମନା –
କୁହନା ସେମିତି।

(୨)
ଅଫିସରେ ପାଦ ରଖୁରଖୁ
ସହକର୍ମୀ କହିଲେ -
କାଲି ସଂଧ୍ୟାରେ ମ୍ୟୁଜିକାଲ୍ କନ୍‌ସର୍ଟ୍ ଯାଇଥିଲି
ସୁନ୍ଦର ଗୀତ ସିଲେକ୍ସନ୍ ଥିଲା

ତୁମକୁ ଦେଖିଲିନି ତ।
ମତେ ଯେମିତି ଶୁଣାଗଲା –
ଆମ ଗୋରା ଲୋକଙ୍କ ହାତରେ ହିଁ
ସାରା ପୃଥିବୀର ଲଗାମ୍।

ଔଷଧ ଦୋକାନରେ
ପ୍ରେସକ୍ରିପ୍ସନ୍ ଦେଖୁଦେଖୁ
ନର୍ସ କହିଲା –
ଇନ୍ସୁରାନ୍ସ କାର୍ଡ ଏକ୍ସପାୟାର୍ କରିଗଲାଣି
କମ୍ପାନିସହ ଯୋଗାଯୋଗ କରନ୍ତୁ।
ମତେ ଯେମିତି ଶୁଣାଗଲା –
ଆମ ଗୋରା ଲୋକଙ୍କ ହାତରେ ହିଁ
ସାରା ପୃଥିବୀର ଲଗାମ୍।

ସିନେମା ଟିକେଟ୍ କାଉଣ୍ଟରରେ
କାଉଣ୍ଟର କ୍ଲର୍କ କହିଲା –
ହାଉସ୍ ଫୁଲ୍,
ପରବର୍ତ୍ତି ଶୋ ପାଇଁ ଚେଷ୍ଟା କରନ୍ତୁ।
ମତେ ଯେମିତି ଶୁଣାଗଲା –
ଆମ ଗୋରା ଲୋକଙ୍କ ହାତରେ ହିଁ
ସାରା ପୃଥିବୀର ଲଗାମ୍।

ସେମାନେ ରାସ୍ତାଘାଟ ଅଫିସ୍ ଦୋକାନ
ସହର ବଜାର
କେଉଁଠି ନା କେଉଁଠି ସାମ୍ନାକୁ ଆସନ୍ତି,
ଶବ୍ଦବିହୀନ
ଓଠ, ଆଖି ଓ ଦେହର ଭାଷାରେ
ଗୋଟିଏ କଥା କୁହନ୍ତି –

ଆମ ଗୋରା ଲୋକଙ୍କ ହାତରେ ହିଁ
ସାରା ପୃଥିବୀର ଲଗାମ୍ ।

କାଗଜରେ ସ୍ୱାଧୀନତା ପାଇଥିବା
ନିଗ୍ରୋ ଲୋକଟି
ସ୍ୱାଧୀନତା ଖୋଜିବୁଲୁଥାଏ
ମଣିଷ ମନରେ ।

ୱିକ୍‌ଏଣ୍ଡ୍

ସୋମବାର ସକାଳୁ
ଅଫିସରେ ପାଦ ରଖୁରଖୁ
ସହକର୍ମୀ ମାନଙ୍କର ପ୍ରଶ୍ନବାଣ
ସେଇ ଗୋଟିଏ ପ୍ରଶ୍ନ
"ୱିକ୍‌ଏଣ୍ଡ୍ କେମିତି ରହିଲା ?"

ଶୁକ୍ରବାର ସନ୍ଧ୍ୟାଠୁ ବଳି
ଯନ୍ତ୍ରଣାଦାୟକ ସନ୍ଧ୍ୟା ନଥାଏ
ଇଚ୍ଛା ନଥିଲେବି
ମିଛ ଏକ ସାମାଜିକ ଦାୟିତ୍ୱବୋଧର ବାହାନାରେ
ଆସିବାକୁ ହୋଇଥାଏ
ବେସ୍‌ମେଣ୍ଟ୍ ପାର୍ଟିକୁ
ଯେଉଁଠି ଟ୍ରେନ୍‌ଯାତ୍ରୀଙ୍କ ପରି
କେଉଁ ଗପର ଆରମ୍ଭ ନଥାଏ
ଶେଷବି ନଥାଏ
ସେକେଣ୍ଡ୍ କଣ୍ଟାପରି ଗପର କଣ୍ଟାବି
ଦୌଡୁଥାଏ ବିଶ୍ୱ ଅର୍ଥନୀତିଠୁ ରାଜନୀତିଯାଏ
ହଲିଉଡ୍‌ଠୁ ବଲିଉଡ୍‌ଯାଏ
କଥା ଧରାଦିଏନାହିଁ ରାତି ପାହିଯାଏ।

ଶନିବାର ସାରାଦିନ ଧାଁ ଧପଡ
ଝିଅର ଡାନ୍ସ ଲେସନ୍
ପୁଅର ଟେନିସ୍ ଲେସନ୍
ଯେ ପିଲାକୁ ଏଠୁ ନେଇ ସେଠି ଛାଡ
ସେ ପିଲାକୁ ସେଠୁ ଆଣି ଏଠି ଛାଡ
ସାରାଦିନର ଚକାଭଉଁରି ପରେ
ସନ୍ଧ୍ୟାରେ ଜନ୍ମଦିନ କି ଆନିଭର୍ସାରି
ପାର୍ଟିକୁ ନଗଲେ ବନ୍ଧୁଙ୍କ ମନଦୁଃଖ
ରବିବାର ସକାଳେ ବି ସେମିତି
ପିଲାଙ୍କର କେଉଁ ଲେସନ୍ ହେଉ
କି ଭଲାଣ୍ଟିଅରିଂ ମିଟିଂ ହେଉ
ଦୁଇମାସ ଆଗରୁ ସବୁ ପ୍ରସ୍ତୁତି
ସନ୍ଧ୍ୟା ହୋଇଗଲେ
ଆସନ୍ତାକାଲିର ଅଫିସ୍ ଚିନ୍ତା
ୱିକ୍‌ଏଣ୍ଡରେ ଏଠି
ମଣିଷ ହୋଇଯାଏ ଘୋଡା ।

ତଥାପି ସୋମବାର ସକାଳେ
ଏକ କୃତ୍ରିମ ଆତ୍ମତୃପ୍ତିର ଝଲକ
ଓଠକୁ ଆଣି କହିବାକୁ ହୁଏ
"ହଁ, ବହୁତ ଭଲରେ କଟିଲା,
ଆଉ ଆପଣଙ୍କର ?"

ଡିସେମ୍ବର

ତୁମେ ପାଖରେ ଥିଲେ
କାକ୍‌ଟସ୍‌ରୁ କଦମ୍ବର ବାସ୍ନା ଆସେ।

ଏବେ କୋଇଲିର କୁହୁ ବି ରାଉରାଉ ଶୁଭେ।

ଜେନିଫର !
ତୁମେ ଏମିତି,
ତୁମ ଉପସ୍ଥିତିରେ
ଅସଜଡା ମୁହୂର୍ତ୍ତ ସବୁ
ଆପେ ଆପେ ସଜାଡି ଯାଆନ୍ତି !

ତୁମେ ପାଖରେ ନାହଁ ଯେ
ଜାଣିହୁଏନା ଏବେ କେଉଁ ଋତୁ ପୃଥିବୀରେ
ତାରିଖ, ମାସ – ଏସବୁ
ସଂଖ୍ୟା ହୋଇ ରହିଯାଏ
କାନ୍ଥରେ ଝୁଲୁଥିବା କାଗଜର କ୍ୟାଲେଣ୍ଡରରେ,
କେବଳ ନୀରବତାର ଋତୁ - ଭିତରେ।

ସମଗ୍ର ଜୀବନ
ତାସ୍‌ରେ ତିଆରି ଘରଟିଏ
ଯାହାକୁ ଉଜାଡିପାରେ

ଡିସେମ୍ବରର ଦଲ୍‌କାଏ
ହାଲ୍‌କା ପବନ।

ଟେବୁଲ୍ ଉପରେ ସରିନଥିବା ଚା କପ୍
ଖୋଲାପଡିଥିବା କଲମ,
ନିଃଶ୍ୱାସ ବି ସ୍ୟାହି ହୋଇଯାଏ
ଟୁକୁଡା କାଗଜରେ
ଅଧାଲେଖା କବିତାର ଧାଡିସବୁ
ଉଡୁଥାନ୍ତି ଇତସ୍ତତଃ
ଏଠି ଅପର୍ଯ୍ୟାପ୍ତ ଅନ୍ୟମନସ୍କତା,
ତୁମେ ପାଖରେ ନଥିଲେ
ପୁରା ହୁଏନା କବିତା।

ଡିସେମ୍ବର ବିରହର ଋତୁ, ଜେନିଫର!
ସେଥିପାଇଁ ବାହାରେ ଶୁଣାଯାଉନି
ପକ୍ଷୀଙ୍କର ଚାପା ହସ
ଚାରିପାଖେ ଏକ ଅଭାବବୋଧର ଅନୁଭବ
ଶବ୍ଦ ମୁକୁଳିପାରୁନି ସମୁଦ୍ରରୁ
ସୂର୍ଯ୍ୟ କେଉଁ କାରାଗାରରେ ବନ୍ଦୀ
କେବଳ ଦେଖାଯାଉଛି ଆକାଶର ଉଦାସପଣ
ପ୍ରତିବିମ୍ବ ଦେଇପାରୁନି ଦର୍ପଣ!

ଜେନିଫର!
ତୁମେ ଏଠି ଥାଅ କି ନଥାଅ
ତୁମର ଅସ୍ତିତ୍ୱ ନେଇ ଡିସେମ୍ବର ଅଛି
ଶୀତର ହେମାଳ ଛୁଆଁ
ତୁମ ଓଠ ଉଷ୍ମତାର କାହାଣୀ କହୁଛି।

■

ପରିଚୟ

ଯେବେ ପଚାରିନଥାନ୍ତି
ତେବେ ମୁଁ କେବେ ବି ଜାଣିପାରିନଥାନ୍ତି ଯେ
ଗଲା ଦୁଇଶହ ବର୍ଷ ଧରି
ନିଗ୍ରୋ ଲୋକଟି ସୂର୍ଯ୍ୟୋଦୟରୁ ସୂର୍ଯ୍ୟାସ୍ତ ପର୍ଯ୍ୟନ୍ତ
ବ୍ରୁକ୍‌ଲିନ୍ ବ୍ରିଜ୍ ଉପରେ ଛିଡା ହୋଇ
ଆଟଲାଣ୍ଟିକ୍ ମହାସାଗରକୁ ଚାହିଁ ରହିଥାଏ
କେବେ କାଳେ ଜାହାଜଟିଏ ଆସିବ
କଙ୍ଗୋ କି କାରିବେଆନ ରୁ
ତା ନାଁ ରେ ଲଫାପାଟେ ଧରି ।

ତିନିପୁରୁଷ ତଳେ
ଜଣେ କିଏ ବନ୍ଧା ହୋଇ ଆସିଥିଲା
ଲୁହାଜଂଜିରରେ, ଖାଲି ହାତରେ ।

ଲୋକଟି ବେଶୀ କିଛି ନକହିଲେ ବି
ମୁଁ ପଢିପାରେ ତା ଭ୍ରୁକୁଞ୍ଚିତ କପାଳରେ
ଲେଖାଥିବା ଦ୍ୱନ୍ଦ୍ୱ ଓ ସମସ୍ତ ପ୍ରଶ୍ନବାଚୀ –
କେତେବେଳେ କବି ମୁଁ
କେତେବେଳେ ଅଭିନେତା
କେତେବେଳେ ବାସ୍କେଟବଲ୍ ପଡିଆରେ ତ
କେତେବେଳେ ଇସ୍ପାତ୍ କାରଖାନାରେ,

ଯେ କଣ ଯଥେଷ୍ଟ ନୁହେଁ
ମୋ ପରିଚୟ ପାଇଁ ଯେ
ମତେ ନୂଆ ଏକ ପରିଚୟ ଦେବାକୁ ହେବ
ଦେହର ରଙ୍ଗରେ ?

ପ୍ରବାସୀର ପରିଚୟ ତାର ଅସ୍ମିତା,
ତାର ମଣିଷ ପଣିଆ
ତା ଦେହର ରଙ୍ଗ ନୁହେଁ।

ଆଉ ଶହେ ବର୍ଷ ପରେ
ଯେଉଁ ଓଡ଼ିଆ ପିଲାଟି
ଜନ୍ମ ନେବ ଆଲାସ୍କାର ଇଗଲୁରେ
କି ଆପାଲାସିଆନ୍ ଉପତ୍ୟକାରେ
କ'ଣ ହେବ ପରିଚୟ ତା'ର ?
ତା'ର ପରିଚୟ ପାଇଁ
ମୁଁ କ'ଣ ସାଇତି ରଖିପାରିବି
ବର୍ଣ୍ଣବୋଧରୁ କେତୋଟି ଅକ୍ଷର !

ଗରିବ ଝିଅର ଗୀତ : ଆଶା

ଲଜ୍ଜା ଢାଙ୍କିବାକୁ
ଚାରିହାତ ନାଲି କରିଆ ନମିଳୁ ପଛେ
ନରମପଣକୁ ନୁଆଁଣିଆ ଚାଳ ସନ୍ଧିରେ
ଗୁଞ୍ଜିଦିଏ ଗରିବ ଝିଅ।

ଚାରିହାତି ନାଲି କରିଆରେ ଫୁଲଡାଲାକୁ ଘୋଡାଇ
ଟ୍ରାଫିକ୍ ଆଲୁଅର ଲାଲ୍ ଇଶାରାକୁ
ନିବିଷ୍ଟ ଆଖିରେ ଚାହିଁ ବସିଥାଏ ଗରିବ ଝିଅ
କେତେବେଳେ ବିଦେଶୀ ଗାଡିର କଳାକାଚ ଭିତରୁ
ଲମ୍ବି ଆସିବ ଆଶ୍ୱାସନାର ହାତ
ଭାତକଂସାରେ ଦେଖାଯିବ କୋଣାର୍କର ଚିତ୍ର।

ମଲ୍ଲିକଢର ମହକରେ ବି
ପେଟର ଜ୍ୱାଳା ଦେଖେ ସେ ?
ଚିକଣ ଚାକଣ ଗାଡି ଭିତରେ ଯେତେବେଳେ
ମଲ୍ଲିକଢର ଚାରିଫୁଟିଆ ମାଳ
ଗୁଡେଇ ହୋଇଯାଏ ମେମ୍‌ର ଗର୍ବିତ ଗଭାରେ
ଗରିବ ଝିଅକୁ ଜାବୋଡି ଧରେ ଅଭାବର ଅଜଗର,
ଗୁନ୍ଥିଲାବେଳେ ରକ୍ତ ପଛେ ନିଏ
ମୁକୁଳିବାର ଭରସା ଦିଏନା ମଲ୍ଲିମାଳ।

ସାପ ପରି ଗାଡ଼ିରୁ ଗାଡ଼ିକୁ ଘୁରିବୁଲେ ଗରିବ ଝିଅ
ନିଜର ରାସ୍ତା ତିଆରି କରେ ନିଜେ
ତାକୁ ଡରାଏନା ଜୀବନର ଖରାବେଳ
ବିବ୍ରତ କରେନା ମାଲମାଲ ଗାଡ଼ିଙ୍କର ହୁଙ୍କାର ହମ୍ବାଳ
ମା ଗର୍ଭରୁ ପିନ୍ଧିଛି ସେ
ଦାୟିତ୍ୱବୋଧର କଞ୍ଚୁଳ ।

ଇଶାରାର ନୀଳବତି ଜଳିଗଲା ପରେ
ଗାଡ଼ିର କଳାଧୂଆଁର ବଳୟ
ଓ ଗରିବ ଝିଅର ଦୀର୍ଘଶ୍ୱାସର
ଯୁଗଳବନ୍ଦୀ ଶୁଣାଯାଏ ସାରା ସହରରେ,
ଗୋଇଠି ପାଖରୁ ଘୋରି ହୋଇଥିବା
ଛିଣ୍ଡା ଚପଲକୁ ଘୋଷାରି
ଗରିବ ଝିଅ ଘୁଞ୍ଚିଆସେ ଫୁଟପାଥ୍ ଉପରକୁ
ଆଗାମୀ ଲାଲ୍ ଇଶାରାର ଅପେକ୍ଷାରେ ।

■

ଗରିବ ଝିଅର ଗୀତ : ଦୁଃଖ

ମନକୁ ନେଲେ
ସୋରିଷ ଦାନାର ଦୁଃଖ
ପାହାଡ ପରି ଲାଗେ
ନାଇଁତ ପାହାଡଟାକର ଦୁଃଖ
ପାଣି ପରି ବୋହିଯାଏ
ପାଦ ଭିଜେନା
ହାତରୁ କାଚଗ୍ଲାସ୍ ପଡିଗଲେ
ସଫା କରୁକରୁ ଟିପ କଟିଯାଏ
ରକ୍ତ ବୁହେ
ମାଲିକାଣୀର ଧମକ
ମା'ର ଆକଟ
ବାପର ଗାଳି
ତା ଛାତି ଛୁଏଁନା
ଗରିବ ଝିଅ ଦୁଃଖର ମାନେ ବୁଝେନା ।

ଥଣ୍ଡା କୋଠରିରେ ବସି
ଧୋବଧାଉଳିଆ ଖଦିପିନ୍ଧା ବାବୁମାନେ
ସରକାରଙ୍କ ଅଧାପନ୍ତରିଆ ଯୋଜନାସବୁ
ଗର୍ବରେ ଲେଖି ପକାନ୍ତି
ପଞ୍ଚତାରକା ହୋଟେଲର ସଭାକକ୍ଷରେ
ଅନୁଶୀଳନ କରନ୍ତି

ଗରିବଙ୍କ ପାଇଁ କାମ କରିବାର ବୋଝକୁ
ହାଲ୍‌କା କରିବାକୁ
ଖାଦ୍ୟ ପାନୀୟ ଗୀତ ନାଚର ଆୟୋଜନ ହୁଏ
ଗରିବଙ୍କ ପାଇଁ ବହୁତ୍ କିଛି କଲେ ବୋଲି
ବାବୁମାନେ ଆତ୍ମତୃପ୍ତିର ଗରମ ନିଃଶ୍ୱାସ ଛାଡନ୍ତି
ସେ ନିଃଶ୍ୱାସ
ଜଉଘରର ଜଳନ୍ତା ନିଆଁ ପରି ଜଳାଏ
ଗରିବ ଝିଅର ଆଶା, ସ୍ୱପ୍ନ, ସୁଖ
ସବୁ କିଛି ହୁତ୍‌ହୁତ୍ ହୋଇ ଜଳେ
ଉତୁରି ପଡୁଥିବା ଦୁଃଖରେ
ଓଦା ହୁଏ ଗରିବ ଝିଅ
ହେଲେ ବିଷାଦର ବଂଶୀସ୍ୱନ
ତାକୁ ବିବ୍ରତ କରେନା
ତା ଓଠରୁ ହସ ଶୁଖେନା
ଗରିବ ଝିଅ ଦୁଃଖର ମାନେ ବୁଝେନା ।

ଠାକୁର ବାସନ ମାଜିଲା ବେଳେ
କି ଫୁଲ ଗୁନ୍ଥିବା ବେଳେ
ଠାକୁରଙ୍କ ସହ କଥା ହୁଏ ଗରିବ ଝିଅ
ସାନ ଭାଇ ଭଉଣୀଙ୍କ ପାଇଁ
ପେଟପୂରା ଦୁଇବେଳା ଶାଗ ପଖାଳ
ବାପ ପାଇଁ
ମଦ ଛାଡି ରୋଜଗାର କରିବାର ମନୋବଳ
ମା ଦେହ ଲୁଚାଇବା ପାଇଁ
ଫୁଲ ପକା ଖଣ୍ଡେ ସୁତାଶାଢୀ
ସାଇ ପଡିଶାଙ୍କ ମୁହଁରେ ଖୁସିର ଝଲକ
ଠାକୁରଙ୍କୁ ମାଗେ ।

ଠାକୁର ପଚାରନ୍ତି,
ଆଉ ତୋ ପାଇଁ ?
ସେ ହସେ, ମୁଣ୍ଡ ହଲାଏ
ତା ପାଇଁ କେବେ କିଛି ମାଗେନା
ଏଇଥିପାଇଁ ଯେ
ଗରିବ ଝିଅ ଦୁଃଖର ମାନେ ବୁଝେନା ।

ଗରିବ ଝିଅର ଗୀତ : ସ୍ୱପ୍ନ

ଫୁଲପକା ଭେଲ୍‌ଭେଟ୍ ବିଛଣା ଚଦର
ସଜାଡୁ ସଜାଡୁ
ନାଲି ନାଲି ଗୋଲାପ ପାଖୁଡାରୁ
ସ୍ୱପ୍ନ ସାଉଁଟେ ଗରିବ ଝିଅ,
ସେ ସ୍ୱପ୍ନ କିନ୍ତୁ ତାର ନୁହେଁ।
ରାତିର ତାତିରେ ବିଞ୍ଚି ପଡିଥିବା
ମେମ୍‌ର ଅଶ୍ଳୀଳ ସ୍ୱପ୍ନଙ୍କୁ
ସାଉଁଟି ନେବାର ସାହସ କରେନା ସେ
ତା'ର ସ୍ୱପ୍ନତ ଏତେ ବକଟେ !

ଅଇଁଠା ବାସନ ସବୁ
ମାଜିମୁଜି ଚିକ୍ ଚିକ୍ କରେ
ସ୍ୱପ୍ନର ପାଉଁଶରେ ମାଠେ, ରଗଡେ
ବାସନରେ ନିଜ ମୁହଁ ଦେଖେ
ସ୍ୱପ୍ନ ର ତାଜମହଲ ଦେଖେନା,
ସାରାଦିନର କୋଳାହଳ
ପକ୍ଷୀଙ୍କ କିଚିରି ମିଚିରି
ଫୁଲ ଓ ପ୍ରଜାପତିଙ୍କ ଲୁଚକାଳି ଖେଳ
ଗରିବ ଝିଅର ଆଖିରେ ସ୍ୱପ୍ନ ଦିଏନା।

ତାକୁ କେହି କୁହେନା
ତା ପାଇଁ ତୋଳିଦେବ
ତାରାର ତରାଟ,
କେହି ତା ଆଖିରେ
ପିନ୍ଧେଇ ଦିଏନା ସ୍ୱପ୍ନର ମଲାଟ।

ସଞ୍ଜ ଚୁଲିରେ ଚଢେଇଥିବା
ଭାତହାଣ୍ଡିର ଭୁଗୋଳରେ ଯେତେବେଳେ
ନିଜର ମହଲ ଗଢୁଥାଏ ଗରିବ ଝିଅ
ମାଟି କାନ୍ଥର ଭରଷାରେ ଆଉଜି ପଡେ
ଆଖି ପତା ଆପେ ଆପେ ଲାଗିଯାଏ
ଚୁଲିର ଦିକ୍ ଦିକ୍ ନିଆଁରେ
ପାହାନ୍ତି ଜହ୍ନର ପେଜୁଆ ମୁହଁ
ସ୍ୱପ୍ନ ଦିଏ ତାର ଅଧାନିଦିଆ ଆଖିରେ।

ମଦୁଆ ବାପର ଟଳମଳ ପାଦଶବ୍ଦରେ
ହଠାତ୍ ଭାଙ୍ଗିଯାଏ ନିଦ
ତରଳିଯାଏ ସ୍ୱପ୍ନ
ବାପକୁ ବସିବାକୁ କହି
ଭାତ ବାଢ଼ିଲା ବେଳେ
ଗରିବ ଝିଅର ଓଠରେ ଧାରେ ହସ
ମେଘୁଆ ରାତିର ବିଜୁଳି ପରି ଝଲସି ଯାଏ
ଯେବେ ମନେପଡିଯାଏ
କିଛି ସମୟ ତଳେ
ଦେଖିଥିବା ଅଧାଦେଖା ସ୍ୱପ୍ନ –
ରବିବାର ହାଟରୁ ଚାରିହାତେ ନାଲିଫିତା
ଓ ଗୋଟେ ପାକେଟ ନାଲି ବିନ୍ଦି କିଣିବାର ସ୍ୱପ୍ନ।

■

ଗରିବ ଝିଅର ଗୀତ : ମନ

ଦଧିନଉତି ଉପରେ
ଫରଫର ଉଡୁଥିବା ବାନାପରି
ଉଡିବାକୁ ଚାହେଁ ତାର ମନ
ମେଢିଖୁଣ୍ଟର ବଳଦ ପରି
ସେ କିନ୍ତୁ ବାନ୍ଧିରଖେ ମନକୁ
ତା ହାତରେ ଦାୟିତ୍ୱବୋଧର ପାଞ୍ଚଣ।

ଗରିବ ଝିଅ ଜାଣେ
ତାର ଅକ୍ଷତ ନରମ ମନ
ଥରେ ହାତମୁଠାରୁ
ଶୁଖିଲାବାଲି ପରି ମୁକୁଳିଗଲେ
ଝାମ୍ପିପଡିବେ ପଲପଲ ଶାଗୁଣା
କ୍ଷତବିକ୍ଷତ କରିବାକୁ
ଯେମିତି କାନ୍ଧରୁ ଶାଢି ଖସିଗଲେ
କୁଦିପଡନ୍ତି ସହସ୍ର ଅନ୍ଧ ଆଖି
ଏକ ସମୟରେ।

ସେଇଥିପାଇଁ ସେ
ଡେଣା କାଟିଦେଇଛି ମନର
ବୁଝାଇଦେଇଛି ଯେ
ତା ଆକାଶ ଚାରିହାତି କରିଆ

ଓ ଚାଖଣ୍ଡେ ପେଟର ଆକାଶ
ଏଇଠି ସେ ସୀମାରେଖା ଶେଷ
ଆଗକୁ କେବଳ
ଜଳନ୍ତା ନିଆଁର ସହର
ଯେତିକି ଡେଉଁଚୁ ଡେଁ
କେବଳ ଏ ଚାରିହାତ
ଇଲାକା ହିଁ ତୋର।

କେବେ କେମିତି
କେଉଁ ଆଖି ସାଙ୍ଗେ ଆଖି ମିଳିଗଲେ
ପାହାଡି ଝରଣାର ଅଣାୟତ୍ତ ପାଣି ପରି
ଚହଲିଯାଏ ତା ମନ
ସ୍ଥିତିହରା ହୋଇଯାଏ
ଉଛୁଳିଉଠେ ମୁହୂର୍ତ୍ତକ ପାଇଁ,
ଛିଟିକିପଡେ କେଉଁ ପଥରର ନିର୍ଦ୍ଦୟ କୋଳରେ
ପଥର କେବେ ପାଣିର ମାୟାରେ ବାନ୍ଧିହୁଏନା
ଗରିବ ଝିଅ ମନଦେବାର ମୂଲ ପାଏନା
ଗରିବ ଝିଅ ଜାଣେ
ଏ ଅର୍ଘିତ ମନ
ଏମିତି ପଡିରହିଥିବ
ଶିଉଳିଲଗା ସୁଖିଲା କାଠଖଣ୍ଡେପରି
କାଳକାଳ କେବଳ ଶୂନ୍ୟତାକୁ ଚାହିଁ।

■

ଅନିୟନ୍ତ୍ରିତ ସନେଟ : ବର୍ଷା

ତାପରେ ଆସିଲା ବର୍ଷା ।
ଝିଙ୍କାରୀଙ୍କ ଗୀତ, କଅଁଳ ଧାନକ୍ଷେତର ସବୁଜିମା,
ପାହାଡରୁ ଗଡିଆସୁଥିବା ପାଣିର ସ୍ରୋତ,
ଏବଂ ଆଉ କଣ ସବୁ ଭଲ ଲାଗେ ତୁମକୁ ?– ପଚାରିଲ ତୁମେ ।

ପାଦଚଲା ସରୁ ରାସ୍ତା ଦେଇ ତୁମେ ଯାଉଥିବ ନଦୀକୁ
ଦେହରେ ହାଲ୍‌କା ରଙ୍ଗର ଶାଢି
ହଠାତ୍ ବର୍ଷିଯିବ ବର୍ଷା ଓ ତୁମ ଆଖିରେ
ଲାଜ ଭର୍ତ୍ତି ଅସହାୟତା, ଖୁବ୍ ସୁନ୍ଦର – କହିଲି ମୁଁ ।

ଯାଃ, ଫିଲ୍ମି ! ଏଥରର ବର୍ଷା ଆତତାୟୀ ।
ଆସୁ ନଆସୁଣୁ ଛିଣ୍ଡେଇନେଲା ତିନୋଟି ସତେଜ ପତ୍ର:
ଗୋଟିଏ କବିତା, ଦୁଇଟି ଗଳ୍ପ ।
ଏବେ ଏଠି କଟକରେ ଖୁବ୍ ବର୍ଷା – କହିଲ ତୁମେ ।

ଆଃ, ଏ ମୁହୂର୍ତ୍ତ ଜୀବନର, ପ୍ରେମ ଏବଂ ପ୍ରାର୍ଥନାର ।
ଏଠି କଲମ୍ବସରେ ମଧ୍ୟ ଖୁବ୍ ବର୍ଷା ଏବେ-କହିଲି ମୁଁ ।

■

ପୌଷ ସଞ୍ଜର ସନେଟ୍

ସଞ୍ଜର କୁଆଁରୀ ଦେହେ ମାଡିଆସେ ଜ୍ୟୋତ୍ସ୍ନାର ଜୁଆର
ଆଖିରେ ମହୁଲି ସ୍ୱପ୍ନ ମନତଳେ ଫାଲ୍‌ଗୁନୀ ଫୁଆର
ପଞ୍ଚମ ତାନରେ ଗାଏ ବେପରୁଆ ପୂବେଇ ପବନ
ପୌଷର ଶିତୁଆ ସ୍ପର୍ଶେ ଅଙ୍ଗେ ତାର ମିଠା ଶିହରଣ।

ନଈ କୂଳେକୂଳେ କେତେ ବସିଅଛି କାଶତଣ୍ଡୀ ମେଳା
ସ୍ୱପ୍ନିଳ ଏ ସଂଜବେଳ ବରଷଇ ପ୍ରୀତି ଫଲ୍‌ଗୁ ଧାରା
ବାହୁରେ ବାହୁକୁ ଛନ୍ଦି ତାରାମାନେ ଆସନ୍ତି ଓହ୍ଲେଇ
ଜହ୍ନର ରୋଶଣି ସାଥେ ବାଦଲଙ୍କ ପଟୁଆର ନେଇ।

ଅସଂଖ୍ୟ ବାଲୁକା ରାଶି ଏକ ଏକ ଦର୍ପଣର ପ୍ରାୟେ
ପ୍ରତିଟି ଦର୍ପଣ ଦେହେ ତୁମ ମୁହଁ ଖାଲି ଦିଶୁଥାଏ
ତୁମର ଅସ୍ତିତ୍ୱ ଥିବ ତୁମେ ଯେବେ ପାଖରେ ନଥିବ
ଏମିତି ଏ ପୌଷ ସଞ୍ଜ ଲାଗେ ସତେ କେବେ ନସରିବ।

ନିଶବ୍ଦ ନଦୀର ଧାର ରାତ୍ରୀ ଧୀରେ ହୋଇଆସେ ଶେଷ
ଜହ୍ନର ଶିଥିଳ ଦେହ ଆଖିରେ ତା ତନ୍ଦ୍ରା ଓ ଅଳସ।

■

ତୁମ ଗାଁ ନଈ ଓ ଜହ୍ନରାତିର ସନେଟ୍

ତୁମ ଗାଁ ନଈ କୁହୁକର ପେଡି ସପ୍ତମ ଋତୁର ମୋହ
ଭରା ଶ୍ରାବଣରେ ଅଜଗର ସାପ ବୈଶାଖରେ କୁଟା ଖିଅ।
ସକାଳେ ହୁଏ ସେ କିଶୋରୀର ହସ ଆଖିର କଜଳ ଗାର
ସଞ୍ଜ ନଇଁଗଲେ ପଲ୍ଲୀବଧୂର ଚିବୁକ ଲଜ୍ଜାଶୀଳ।

ତୁମ ଗାଁ ନଈ ଏତିକି ଫୁଲେଇ ବଦଳାଏ କେତେ ବେଶ
ଜହ୍ନକୁ କରେ ସେ ମଥାର କୁଂକୁମ ମେଘକୁ ମୁକୁଳା କେଶ।
ତାରାକୁ କରଇ ପାଦର ପାଉଁଜି ଆକାଶକୁ ପିନ୍ଧା ଶାଢୀ
କାଶତଣ୍ଡୀ ହୁଏ ହୀରକର ହାର ପଳାଶ ଯେ ରଂଗ ଚୁଡୀ।

କେତେ ମିଳନର ନୀରବ ସାକ୍ଷୀ ସେ ତୁମ ଗାଁ ନଈ କୂଳ
ବିରହର ଝରା ଲୁହରେ ଭିଜିଛି ତା ଦେହର ନୀଳ ଜଳ।
ତା କୂଳରେ ବସି ବିତାଇଛି କେତେ ନିରୋଳା ଜୋଛନା ରାତି
କୁଆଁରୀ ମନର ଅଲିଭା ଖାତାରେ ଲେଖିଛି କବିତା ଗୀତି।

ଜହ୍ନ ଶୋଇଗଲେ ପାହାଡ କୋଳରେ ଲୁଚିଗଲେ ଜହ୍ନରାତି
ନଈ ଡୁବିଯାଏ ଅଦେଖା ଲୁହରେ ଝୁରି ଝୁରି ତାର ପ୍ରୀତି।

■

ଏଇ ରାତିର ସନେଟ୍

ତୁମରି ଆଖିର କଜଳ ଧାରରୁ ଗା'ରେ କଜ୍ଜ୍ୱଳ ପାଇଁ
ଅମାନିଆ ଏଇ ରାତିଟା ଯେମିତି ଯାଇଛି ପାଗଳ ହୋଇ।
ମନରେ ଫୁଟିଛି ଅସୁମାରୀ ଫୁଲ ଅଭୁଲା ଏ ଅନୁଭବ
ଆଜି ଏ ରାତିର ରଂଗଶାଳାରେ ପ୍ରଣୟର ମହୋତ୍ସବ।

ତୁମେ ବସିଅଛ ଯୁଗ ଯୁଗ ଧରି ଆଶାର ପ୍ରଦୀପ ଜାଳି
ଜୀବନ ଖେଳୁଛି ତୁମ ସାଥେ କେତେ ମିଛିମିଛି ଲୁଚକାଳି।
ରାତି କରେ ତାକୁ ସ୍ୱପ୍ନ ବିଭୋର, ସ୍ୱପ୍ନ ଆଣଇ ମାୟା।
ଅନ୍ଧାର ଘେରା ଜୀବନରେ ଆଣେ ଇନ୍ଦ୍ରଧନୁର ଛାୟା।

ଯଉବନ ଯେବେ ପାରିଲାନି ଲେଖି ଜୀବନର ମଧୁଗୀତି
ଶତ ସୂର୍ଯ୍ୟର ଆଲୋକଠୁ ସତ ଅନ୍ଧାର ରାତିର ପ୍ରୀତି।
ଆଜି ଏ ରାତିର ପ୍ରଣୟ ବେଳାରେ ନିଶବ୍ଦ ଶଙ୍ଖ ଧ୍ୱନୀ
ଗାଇଯାଏ କେତେ କାନ୍ତ କୋମଳ ଅପେକ୍ଷାର ଆବାହନୀ।

ତୁମରି ଆଖିର କଜଳ ଧାର ଯେ ଲୁହରେ ଯାଇଛି ଧୋଇ
ପୂର୍ବରାଗର ଲୋହିତ କବରେ ରାତି ଯାଇଅଛି ଶୋଇ।

ଜୀବନର ସନେଟ୍

ଏ ପଟେ ଡାକୁଛି ଜୀବନର ଋତୁ ହାତରେ ଫଗୁଣ ଥାଳି
ମାୟା ମହଲରେ ଦୁଃଖ ପାଉଅଛି ରାଜକନ୍ୟା ଅଲିଅଳି।
ତୁମେ ଖୋଜୁଅଛ ଶୀତଳ ସାନ୍ନିଧ ଧୂଆଁର କରୁଣ ସ୍ପର୍ଶ
ଜୀବନ ରଖିଛି ତୁମ ପାଇଁ କେତେ ଚଇତାଳି ମଧୁମାସ।

ତୁମେ ଲୋଡୁଅଛ କଣ୍ଟକିତ ଛୁଆଁ ଅନ୍ଧାର ରାତିର ସୁର
ଜୀବନ ବସିଛି ଜହ୍ନ ଆଲୁଅରେ ହାତେ ଧରି ଫୁଲଶର।
ତୁମେ ସଜାଉଛ ସାତଟି ରଂଗରେ ମରଣର ବାହାବେଦୀ
ଇନ୍ଦ୍ରଧନୁର ଉପତ୍ୟକାରେ ମୁଁ ତୁମକୁ ବସିଛି ଜଗି।

ଦୁଃଖ ଅଟଇ ମାୟା ମରିଚିକା ପଦ୍ମପତ୍ରରେ ପାଣି
ସତେ ଅବା କିଏ ସିମନ୍ତିନୀର ସିଂଦୁର ଦେଇଛି ବୁଣି।
ଦର୍ପଣ ଦେହରେ ପରସ୍ତେ ଧୂଳିର ଉଜୁଡା ଅଭିସାର
ଜୀବନ ଆଣିଛି ଚନ୍ଦନବନରୁ ପ୍ରୀତି ଭରା ଉପହାର।

ଯନ୍ତ୍ରଣା ଘେରା ରୁଦ୍ଧ କୋଠରୀ ନୁହେଁ କେବେ ତୁମ ପାଇଁ
ଖୋଲା ଆକାଶର ବିହଙ୍ଗୀ ଗୋ ଯାଅ ଜୀବନର ଗୀତି ଗାଇ।

ଆଜି ସନ୍ଧ୍ୟାର ସନେଟ୍

ତୁମେ ସ୍ପର୍ଦ୍ଧିତ ଚନ୍ଦନବନ ମୁଁ ଯେ ନିଛାଟିଆ ବଣମଲ୍ଲୀ
ତୁମେ ଆଶ୍ୱିନ୍ୟର ମୁଗ୍ଧ ମଳୟ ମୁଁ ଯେ ବୈଶାଖର ଚୋରାବାଲି
ତୁମେ ତ ସାଗର ସୁଦୂର ପ୍ରସାରୀ ମୁଁ ଯେ ଲହଡିର ଅଳ୍ପାୟୁଷ
ପିୟୁଷ ସମ ତୁମ ପ୍ରୀତି ପ୍ରିୟ ! ଦଗ୍ଧ ପ୍ରାଣର ଅଭିଳାଷ ।

ତୁମେ ସୂର୍ଯ୍ୟର ଅମ୍ଳାନ ଆଭା ମୁଁ ଯେ ଶରତର ଶେଷ ଜହ୍ନ
କେଉଁ ସ୍ୱପ୍ନର ନୀଳ ସରସୀରେ ଭିଜୁଥାଏ ଏଇ ତନୁ ମନ
ଭଗ୍ନ ହୋଇଛି ମଗ୍ନ ତପସ୍ୟା ବନ୍ଦୀ ହୋଇଛି ଯଉବନ
ସେଇ ନୟନର ତୀକ୍ଷ୍ଣ ତୀରରେ ଅଂଗେ ଅଂଗେ ମୋର ଶିହରଣ ।

ତୁମେ ଶିଳ୍ପୀର ଶାଣିତ ନିହାଣ ମୁଁ ଯେ କୋଣାରକ ଚାରୁକଳା
ଦିବ୍ୟ ପଥର ଏକଲା ଯାତ୍ରୀ ମୁଁ, ପ୍ରେମ ମୋହର ପାନ୍ଥଶାଳା
ତୁମେ ତାଣ୍ଡବର ରୁଦ୍ରଝଙ୍କାର ମୁଁ ଯେ ପ୍ରଭାତର ବେଦଧ୍ୱନୀ
ଜୀବନ ଯେଉଁଠି ଗ୍ରୀଷ୍ମ ପ୍ରବାହ ସ୍ପର୍ଶ ତୁମର ସଂଜୀବନୀ ।

ଆଜି ସନ୍ଧ୍ୟାର ବିଭୋର ବିଜନେ ମତୁଆଲା ହୁଏ ଚଇତାଳି
ତୁମ ଶବ୍ଦରେ କରିଦିଅ ମୋତେ ଗୀତଗୋବିନ୍ଦର ପଦାବଳୀ ।

■

ସ୍ୱପ୍ନର ସନେଟ୍

ତୁମେ ଚାହିଁଥିଲ ତୁମରି ଚିବୁକେ ଉଦୟ ସୂର୍ଯ୍ୟ ରଙ୍ଗ
ମୁଁ ଆଣିଥିଲି ଶରତ ସଞ୍ଜର ଅନୁଢା ଅନୁରାଗ
ସମୁଦ୍ର ସେପାରି ଦିଗବଳୟରେ ସୂର୍ଯ୍ୟ ସେ ଗଲେ ନଇଁ
ସ୍ୱପ୍ନ ବିଭୋର ଆଖିରେ ତୁମର ତନ୍ଦ୍ରା ଆସଇ ଉଇଁ ।

ଅନ୍ଧାର ରାତିର କୃଷ୍ଣ ପଣତ ପୃଥିବୀ ହୁଅଇ ଘୋଡି
ନିର୍ଜନ ଏଇ ବେଳାଭୂମିପରେ ଶୂନ୍ୟତା ଯାଏ ବଢି
ରାତି ବଢିଯାଏ ଦୁନିଆ ଯେ ଶୁଏ ସାଗର ପାରେନା ଶୋଇ
କାଳି ଅନ୍ଧାରର ନିର୍ମମ ସ୍ପର୍ଶେ ତା ରଙ୍ଗ ଯାଇଛି ଧୋଇ ।

ଏପାରିରେ ଯେବେ ଜୀବନକୁ ଖୋଜି ଆୟୁଷ ଆସଇ ସରି
ଜୀବନ ଡାକଇ ସେପାରିରେ ମୋତେ ଦୁଇ ବାହୁ ତାର ମେଲି
ଏପାରିରୁ ଯେବେ ସେପାରିକୁ ଚାହେଁ ଶୂନ୍ୟତା ଖାଲି ଦିଶେ
ଦୂର ଅତୀତର ବିସ୍ମୃତ ସମୟ ସାମ୍ନାକୁ ଯାହା ଆସେ ।

ଦୁଃଖ ଅଟଇ ମଝି ଦରିଆରେ ନିଖୋଜ ନାବିକ ଗୀତ
ତୁମ ପ୍ରେମ ଖାଲି ସ୍ୱପ୍ନ ମହଲ ମୋ ପ୍ରୀତି ଅଟଇ ସତ ।

■

ଋତୁପର୍ଣ୍ଣା ଓ ଶରତର ସନେଟ୍

ଶରତ ପାହାନ୍ତି ଆକାଶର କୋଳେ ଜହ୍ନର ଅସ୍ତରାଗ
ଋତୁପର୍ଣ୍ଣାର ଅଳସ ଦେହରେ ଶିଶିର ଚୁମ୍ବନ ଦାଗ
ସ୍ନିଗ୍ଧ ଶୀତଳ ଚନ୍ଦ୍ରାଲୋକର ପଣତ ଯାଇଛି ଖୋଲି
ଋତୁପର୍ଣ୍ଣାର ମୁକୁଳା କେଶରେ ଫୁଟିଛି ଚନ୍ଦ୍ରମଲ୍ଲି।

କଥା ଦେଇଥିଲା ପାହାଡି ଝରଣା ଝରୁଥିବ ସବୁଦିନ
କେଉଁ ଦୁଃଖର ଅଲୋଡା ଛୁଆଁରେ ପତ୍ରଝରା ତା ମନ
ଦୁଃଖ ଅଟଇ ପାହାନ୍ତି ପ୍ରହର ଲିଭାଲିଭା ଦୀପ ଶିଖା
କିଶୋରୀ ଲଲାଟେ ମୁହଁ ସଞ୍ଜର ଅନ୍ଧାରେ ଲେଖା ଟୀକା।

ନଈ ଧାରେଧାରେ କେତେଯେ ବସିଛି କାଶତଣ୍ଡିର ସଭା
ଋତୁପର୍ଣ୍ଣାର ଉଦାସୀ ମୁହଁରେ ଶତ ଜ୍ୟୋସ୍ନାର ଆଭା
ଶରତର ଏଇ ଗୋଧୂଳି ରଙ୍ଗେ ସାଗରର ମନ ବନ୍ଧା
ଋତୁପର୍ଣ୍ଣାର ପ୍ରୀତିରେ ମହକେ ରାତିର ରଜନୀଗନ୍ଧା।

ଶରତର ଏଇ ପାହାନ୍ତି ପ୍ରହରେ ଜହ୍ନ ଆଉ ଦିଶୁ ନାହିଁ
ହେଲେ ଋତୁପର୍ଣ୍ଣା ନରମ ଆଖିରୁ ସ୍ୱପ୍ନ ସରଇ ନାହିଁ।

■

ଯାଚକ

ମୁଁ ତୁମର ପ୍ରେମ ଲୋଡ଼ିଥିଲି
ତୁମେ ମୁହଁ ଫେରେଇନେଲ ।

ହୁଏତ ଘୃଣା ଟିକେ ମିଳିଥିଲେ
ମୁଁ ଲଙ୍ଘିଥାନ୍ତି ସମୁଦ୍ର
ପାଲଟିଥାନ୍ତି ସିଦ୍ଧାର୍ଥ ।

ଏବେ ମୋତେ ଛଳନା ମାଗୁଛ ।

ତୁମକୁ ଦେବାପାଇଁ
ମୋ ପାଖରେ
ରାତ୍ରିର ବହଳ ଅନ୍ଧାର କାଇଁ ?

ବାସ୍, କାଳ କାଳ
ମୁକ୍ତ ଆକାଶରେ ଉଡୁଥା ତୁମେ
ଦିଶାହୀନ ପକ୍ଷୀଟିଏ ହୋଇ !

ସେଇଠି ଥା

ମନ୍ଦିରରେ ହେଉ କି ମଦଭାଟିରେ
ଯେଉଁଠି ଅଛ ତୁମେ, ଠିକ୍ ସେଇଠି ଥା ।

ବିଶିଆଂଗୁଠିର ଟିପରେ
ରକ୍ତବୁଂଦାଟେ ହୋଇ ଲଟକିଥା
ଯେଉଁଠି ଅଛ, ଠିକ୍ ସେଇଠି ଥା ।

ନା ପାଦେ ଉତ୍ତରକୁ ଯା
ନା ପାଦେ ଦକ୍ଷିଣକୁ ଯା
ମଝିରେ ଶୀର୍ଷାସନରେ
ଛିଡ଼ା ହୋଇଥା
ଯେଉଁଠି ଅଛ ତୁମେ, ଠିକ୍ ସେଇଠି ଥା ।

ମୁଁ ଆବର୍ତ୍ତମାନର ଆଗ୍ନେୟ ପୁରୁଷ
ଗୋଟିଏ ପାପୁଲିରେ ମୋର ସାମୁଦ୍ରିକ ଝଡ଼
ଆର ପାପୁଲିରୁ ଥପ ଥପ
ଉଛୁଳି ପଡୁଛି ଲୋହିତ ଲାଭା
ଦେହରେ ସନ୍ନ୍ୟାସୀର ବସ୍ତ୍ର
ଦୁଇପଟେ ବନ୍ଧା ଦୁଇଟି ନିଆଁର ଡେଣା
ତୁମ ପାଇଁ ଯାଗା କାଇଁ ?

ଅଙ୍କ କବିର କଲମ ମୂନରେ
ଅବନା ଅକ୍ଷର ହୋଇ ଝୁଲୁଥା
ଯେଉଁଠି ଅଛ ତୁମେ, ସେଇଠି ଥା ।

ଏକ ନିରବଚ୍ଛିନ୍ନ ମହାଯୁଦ୍ଧ କବିତା
ଯାହା ମୁଁ ନିଜ ସହ ଲଢୁଛି ନିଜେ
ତୀକ୍ଷ୍ଣ ବର୍ଚ୍ଛାପରି ଶବ୍ଦମାନେ
ଭେଦୁଛନ୍ତି ସାରା ଦେହ
ଯୁଦ୍ଧଭୂମିରେ ଲୋଟିପଡିଛି
ମୋର ରକ୍ତ ଜୁଡୁବୁଡୁ
କୋମଳ ହୃଦୟ
ମୋତେ ଲଢିବାକୁ ଦିଅ ।

ତୁମେ ଗଭାରେ ଗଜରା ବାଂଧି
କୁହୁଡିର ବର୍ଷାରେ ମନଭରି ଭିଜୁଥା
ଯେଉଁଠି ଅଛ, ଠିକ୍ ସେଇଠି ଥା ।

■

ଆରୋପ

ୟୁନିଫର୍ମରେ
ତାମ୍ରଫଳକ ପିନ୍ଧାଇଲା ପରି
ତୁମେ ପିନ୍ଧେଇଦେଲ
ଛୋଟ ବଡ ଭିତ୍ତିହୀନ
ତୁମର ଆରୋପମାନଙ୍କୁ।

ବିବଶ ଝାମୁଆପରି
ବିନା ପ୍ରତିବାଦରେ
ମୁଁ ଦେଖାଇଦେଲି ପିଠି।

ଆଖିରେ ଆଖି ମିଶେଇଥିଲେ
ହୁଏତ ଅନୁମାନ ଲଗାଇପାରିଥାନ୍ତ
ମୋର ଜନ୍ତ୍ରଣାର ଗଭୀରତାକୁ।

ଏବେ ଭରିଗଲାଣି ସାରା ପିଠି।

ତୁମ ପାଖେ
ଆଉ ଯେତିକି ଆରୋପ ବାକି ଅଛି
ତାକୁ ଝାମୁକୁଣ୍ଡର ଜଳନ୍ତା କୋଇଲା
ଓ ତାକୁ ଜଳେଇରଖିବା ପାଇଁ
କିଛି ଉତପ୍ତ ପବନ କରିଦିଅ।

ଝାମୁକୁଣ୍ଡରେ
ଚାଲିବାପାଇଁ ନିସର୍ଗରେ
ମୁଁ କେବେଠୁ ପ୍ରସ୍ତୁତ।

ନିଃସଙ୍ଗତା

ଇଲାଷ୍ଟିକ୍ ପରି
ଲମ୍ବି ଯାଏନା
ନିଃସଙ୍ଗତା ।

ଯେତେ ଲମ୍ବିଲେବି
ସହସ୍ର ବର୍ଷର ନିଃସଙ୍ଗତା
କାଗଜଠୁ ମଧ୍ୟ ପତଳା ।

ଯେତେବେଳେ ସମସ୍ତଙ୍କୁ
ନିଃସଙ୍ଗତାର ସାପ
ଅଣନିଃଶ୍ୱାସୀ କରି ଗୁଡେଇଥାଏ

ବେପରୁଆ କବି
ନିଃସଙ୍ଗତାର ଦୋଳିରେ ବସି
ଝୁଲୁଥାଏ ନିଃସଙ୍କୋଚରେ ।

■

ନୀରବତା

ଫୁଲ ଉପରେ ବସି
ମହୁ ପିଇଲାବେଳେ
ମୁଁ ଶୁଣିପାରେ, ପ୍ରଜାପତିର
ଡେଣାହଲେଇବା ଶବ୍ଦ ।

ଆକଶରୁ ସଫେଦ ତୁଳାପରି
ଯେତେବେଳେ ରାତିସାରା ଚୁପଚାପ
ଝରୁଥାଏ ତୁଷାରକଣିକା, ମୁଁ ଶୁଣିପାରେ
ବିଛଣାରେ ଶୋଇଶୋଇ ।

ଘଟଣାଟିଏ ଘଟିବା ପୂର୍ବରୁ ମୋ ଭିତରେ
ମଡମଡ ହୋଇ ଭାଙ୍ଗିଯାଉଛି ତାହା
ଓ ପ୍ରତ୍ୟେକ ଭଗ୍ନାଂଶରୁ
ଜନ୍ମନେଉଛି ଆଉଗୋଟିଏ ଘଟଣା ।

ନୀରବତା କାହିଁ ?
ନୀରବତା ଯଦି ଥାନ୍ତା
ତୁମେ କଣ ଶୁଣିପାରନ୍ତ
ମୋ କବିତାର ସ୍ୱର ?

■

ଦୁଃଖପଦୀ

ଛୋଟ ଝିଅଟେ ହୋଇ
ଆଙ୍ଗୁଠି ଧରି
ଦୁଃଖ ବାଟ କଢ଼େଇ ନେଉଛି
ମୋର ଅବୋଧ ଅନ୍ଧପଣକୁ ।

କହିଛି ତାକୁ
ଆଙ୍ଗୁଠି ଖସେଇ ନ ନେବାକୁ
ସବୁବେଳେ ପାଖେପାଖେ ରହିବାକୁ
କିଏ ଜାଣିଛି
ଆଙ୍ଗୁଠି ଖସିଗଲେ
ସଭ୍ରମତାର ସମସ୍ତ ସୀମା ପାରିହୋଇ
ଯେ ଆଙ୍ଗୁଠିମାନେ
ଚଳନ୍ତାବସରୁ ଧକ୍କାଦେବେ
କେଉଁ ଏକ ଦାମିନିକୁ ।

ପାଖେପାଖେ ଅଛିବୋଲିତ
ଅପେକ୍ଷା କରୁଛି
ଜହ୍ନର ଉଇଁବା ବେଳକୁ
ସାରାରାତି ଉଜାଗର ରହି
ଚାହିଁବସୁଛି ତାରାଭରା ଆକାଶକୁ ।

ପାଖେପାଖେ ଅଛିବୋଲିତ
ତାତିଲା ବାଲିରେ ପାଉଛି
ଢେଉର ପାଦଚିହ୍ନକୁ
ଶାମୁକା ଭିତରେ ଛୁଉଁଛି
ମୁକ୍ତାର ନିରୁତା ଭାବକୁ ।

ଦୁଃଖ ନଥିଲେ
ମୁଁ କଣ ଶୁଣିପାରନ୍ତି
ଆତ୍ମାର ଆତୁର ଡାକକୁ ?
ବୁଝିପାରନ୍ତି ସତ୍ୟର ସଜ୍ଞାକୁ
ଚିହ୍ନିପାରନ୍ତି କବିତାର ବିସ୍ମୟତାକୁ ?

ଦୁଃଖ ପାଖେପାଖେ ଅଛି ବୋଲିତ
ସିଂହାସନରେ ବସିଛନ୍ତି ଈଶ୍ୱର ।
ଦୁଃଖ ପାଖେପାଖେ ଅଛି ବୋଲିତ
ମରୁଭୂମିରେ ଶୁଣାଯାଉଛି ବିଶ୍ୱାସର ସ୍ୱର ।

ସ୍ରୋତ

ଏବେ ମୁଁ ପ୍ରାଞ୍ଜଳ ଭାବେ ବୁଝିସାରିଛି ଯେ
ଗଛର କୌଣସି ପତ୍ର ମୋର ନୁହଁ
ଚେର ବି ମୋର ନୁହଁ।

ଯେଉଁଠି ପାଦ ରଖିଲେ ବି
ଅରଣ୍ୟରେ କୁହୁଳୁଥିବା ଧୂଆଁର ମେରୁଦଣ୍ଡପରି
ସ୍ଥିତିହୀନ, ଯାହା ଅରଣ୍ୟ ଜାଣେ,
ଆମେ ଦୁହେଁ ଜାଣୁ।

ଏବଂ ପକ୍ଷୀମାନେ
ଯେକୌଣସି କାରଣରୁ ଉଡାନ୍ ହେଉଥିଲେବି
ଲାଗେ ଯେମିତି ମୁଁ ଏକ ମହାବାତ୍ୟାର ସ୍ରୋତ
ତ୍ରସ୍ତ ଆଖିରେ ମତେ ଚାହାନ୍ତି
ଆବହମାନ କାଳରୁ
ଭୂଇଁରେ ଧସିରହିଥିବା ପଥର ଓ ଗଛ ?

ମୁଁ ପ୍ରାଞ୍ଜଳଭାବେ ବୁଝିସାରିଛି ଯେ
ମୁଁ ଆଉ ଫେରିବିନି
ଯଦିଓ ଆମଭିତରୁ କେହିକେହି ଅନେକବାର
ଭେଟ ହେଉଥିବେ, ଏଇଠି, ଏଇ ଯାଗାରେ
ନିଜନିଜର ପ୍ରତିମୂର୍ତ୍ତିପରି,

ଏବଂ ଆଉ କେହିକେହି
ପରବର୍ତ୍ତୀ ସମୟରେ ଅନ୍ତଃହୀନ ପ୍ରସ୍ଥାନର
ବେଗ ସହ ମିଶିଯାଇଥିବେ
ଏବଂ ହଜିବାର କି ଖୋଜିପାଇବାର
ଭୌତିକ ପ୍ରକ୍ରିୟାରୁ ଊର୍ଦ୍ଧ୍ୱକୁ ଉଠିସାରିଥିବେ ।

ନିଜ ଭିତରେ ନିଜେ

ନିଜ ଭିତରେ ଥିବା ନାଥୁରାମକୁ ଦେଖିବାକୁ ଚେଷ୍ଟାକର
କେମିତି ସେ ଇର୍ଷା ଆତ୍ମବଡିମା ଓ ଅଜ୍ଞାନର ପିସ୍ତଲ ଧରି
ଛିଡା ହୋଇଛି ଭାବନାର ଚାରିଛକରେ
ମଜବୁତ କରି ନିଜର ଅସ୍ତିତ୍ୱ
ନିଜ ଭିତରେ କଦବା କେମିତି ଗାନ୍ଧିଟେ ରାସ୍ତା ଉପରକୁ ଉଠି ଆସିଲେ
ନାଛି ଦେଉଛି ସିନାରେ
"ହେ ରାମ" କହିବାକୁ ବି ଦେଉନି ସମୟ
ଆଖି ପିଛୁଳାକେ ଚେତନାକୁ କରିଦେଉଛି ଧରାଶାୟୀ
ଯୁଆଡେ ଚାହିଁଲେ ବିଶାଦ, ରକ୍ତମୟ।

ହଁ ରେ ହଁ ମାରି ଜୀଇବା ଶିଖିଗଲେ ଜୀବନ ହୋଇଯାଏ ସରଳ!
ତମେ କାଉକୁ କୋଇଲି କହିଲେ ମତେ ବି କୋଇଲି କହିବାକୁ ଚାହଁ
ତମେ ନିଆଁକୁ ଅଙ୍ଗାର କହିଲେ ମତେ ବି ଅଙ୍ଗାର କହିବାକୁ କୁହ
ତମର ଯାଏ ଆସେ କେତେ ମୋ ଜିଭ ଉପରେ ଖସି ପଡିଲେ
ଶାଣିତ ତରବାରୀର ଧାର
କେବେବି ଶୁଣାଯାଏନା ତୁମକୁ ଅନ୍ୟର କରୁଣ ଚିତ୍କାର
ନିଜ ଦୁନିଆରେ ପବନ ବାଜିଗଲେ ସତେ ଯେମିତି ବଜ୍ରପାତ ହୁଏ
ଅନ୍ୟର ଯନ୍ତ୍ରଣା ସବୁବେଳେ ଅନ୍ୟର ହୋଇ ରହିଯାଏ
ବହୁତ ସହଜ ଅନ୍ୟକୁ କହିବା ଭୁଲିଯା ସବୁକିଛି
ବହୁତ ସହଜ ଅନ୍ୟଠୁ ଆଶା କରିବା ଭଲ ପାଇବା ଓ ପ୍ରେମ

ଥରେ ଦେଖ, କେମିତି ଅନ୍ୟର ଯନ୍ତ୍ରଣା ଅନୁଭବ କଲେ
ପୁରୁଷ ହୋଇଯାଏ ପୁରୁଷୋତ୍ତମ !

କାଠଗଡାରେ ଛିଡାକର ବା ଶିରଚ୍ଛେଦ
ବେକରେ ଦଉଡି ବାନ୍ଧି ଗଛରେ ଟାଙ୍ଗିଦିଅ
ବା ଶରବର୍ଷାରେ ଲହୁ ଲୁହାଣ ହେଇଯାଉ ଦେହ
ସହର ସାରା ମୋ ନାଆଁରେ ଡେଙ୍ଗୁରା ପିଟ
ବା ଜାରୀ କରିଦିଅ ମୃତ୍ୟୁନାମା
ତଥାପି ଆଙ୍ଗୁଠି ଉଠିବ ଅଧର୍ମର ସାଲିସ୍ ବିରୋଧରେ
ତଥାପି ହେବେ ଶବ୍ଦମାନେ ଶାଣିତ
ତଥାପି ଲାଗିରହିବ ମହାସଂଗ୍ରାମ ସେ ପର୍ଯ୍ୟନ୍ତ
ଯେ ପର୍ଯ୍ୟନ୍ତ ନିଜ ଭିତରର ସହସ୍ର ନାଥୁରାମଙ୍କୁ
ପାତାଳଗାମୀ କରିଦେଇନି ଜଣେ ଗାନ୍ଧି !

■

ପ୍ରେମ ସରେନା କେବେ

ପ୍ରେମର
ଗୋଟିଏ ପାଦ ଆଲୁଅରେ
ଆର ପାଦଟି ଅନ୍ଧାରରେ ।

ପ୍ରେମର ପେଣ୍ଡୁଲମ୍
ଅନବରତ ଦୋହଲୁଥାଏ
କେବେ ଥାଏ ପୂର୍ବରେ
ତ କେବେ ପଶ୍ଚିମରେ ।

ପ୍ରେମ ସରେନା
ଋତୁ ବଦଳିଲେ
ସଁବାଲୁଆର ଖୋଳପାଛାଡି
ଉଡିଆସେ ନୂଆ ଏକ
ଚିତ୍ରିତ ପ୍ରଜାପତି ।

ପ୍ରେମ ସରେନା ବୋଲି
ସବୁଠି ତୁଷାରପାତ ହେଉଥିବା ବେଳେ
ପ୍ରେମୀର ଘର ସାମ୍ନାରେ
ଫୁଟିଥାଏ ବେସୁମାରି ଫୁଲ
ଓ ଗଛ ଡାଳରେ ବସି ନିରୋଳାରେ
ପକ୍ଷୀଟିଏ ଗାଉଥାଏ ଗୀତ ।

ପ୍ରେମ ସରେନା ବୋଲିତ
ତିରିଶି ବର୍ଷ ତଳେ ଛାଡିଆସିଥିବା
ପ୍ରେମକୁ ହୃଦୟରେ ସତେଜ ରଖି
ଏବେବି କବିତା ଲେଖୁଛି ସତ୍ୟ ପଟ୍ଟନାୟକ !

■

ଆମଗାଁ ସୂର୍ଯ୍ୟୋଦୟ

ଆମଗାଁ ସୂର୍ଯ୍ୟ ଯେବେ
ଉଇଁ ଆସେ ଛୁଇଁଦେଇ
ନବନୀତା ଚିବୁକ ତୁମର,
ଲାଗେ ସତେ ଏଇନାକେ
କିଏ ଅବା ବିଞ୍ଚିଅଛି
ଗାଁସାରା ମୁଠାମୁଠା
ଗୋଲାପି ଅବିର।

ଆମଗାଁ ସୂର୍ଯ୍ୟ ଆଣେ
ଜୀବନର ସୁଖଦୁଃଖ
ଆଶା ଆଉ ଆବେଗର
ପ୍ରଥମ ପୁଲକ,
ଆମଗାଁ ସୂର୍ଯ୍ୟ ଆଣେ
ପ୍ରୀତିଭରା ସଂଜୀବନୀ
ଅସୁମାରୀ ପ୍ରଗତିର
ସବୁଜ ସନ୍ତକ।

ଆମଗାଁ ସୂର୍ଯ୍ୟ ଏଠି
ପକ୍ଷୀକୁ ଆକାଶ ଦିଏ
ପୋଖରୀ ତୁଠକୁ ଦିଏ
ଫିକାଫିକା ପାଦର ଅଳତା,

ଆମଗାଁ ସୂର୍ଯ୍ୟ ପୁଣି
ଫୁଲକୁ ଅତର ଦିଏ
ଭଅଁରକୁ ଦିଏ କେତେ
ମିଠାମିଠା ପ୍ରେମର କବିତା।

ବିଶ୍ୱାସର ଋତୁ ପରି
ଆମଗାଁ ସୂର୍ଯ୍ୟୋଦୟ
ଆମ ଏଇ ପ୍ରଣୟର
ମଧୁର ମୂର୍ଚ୍ଛନା,
ବେଳେବେଳେ ଅନିନ୍ଦିତ
ବେଳେବେଳେ ଆହ୍ଲାଦିତ
ବେଳେବେଳେ ହୋଇଯାଏ
ଟିକେ ଟିକେ ଭୁଲ୍ ବୁଝାମଣା।

ପ୍ରେମଗୀତିକା

ତୁମେ କୁହ ପ୍ରେମ ମରୁ ମରୀଚିକା
ଦୁଇଟି ମନର ବ୍ୟଥା
ମୁଁ କହିବି ସିଏ ନଈର ଛାତିରେ
ଅଧାଲେଖା ମୋ କବିତା ।

ତୁମେ କୁହ ପ୍ରେମ ଗୋଲାପର କଣ୍ଟା
ଜଳନର ଜୁଇ ଘର
ମୁଁ କହିବି ସିଏ ସ୍ୱପ୍ନ ଓଠରୁ
ବହନ୍ତା ପିୟୁଷ ଧାର ।

ତୁମେ କୁହ ପ୍ରେମ ଅଲୋଡା ଅଛୁଆଁ
କଙ୍କାଳ ଥରା ଶୀତ
ମୁଁ କହିବି ପ୍ରେମ ଛନ୍ଦରେ ଭରା
ଆଦ୍ୟ ଆଶାଢର ଗୀତ ।

ତୁମେ କୁହ ପ୍ରେମ ଅମାବାସ୍ୟା ରାତି
ଗହଳ ଅନ୍ଧକାର
ମୁଁ କହିବି ସିଏ ତୁମରି ଗଭାରେ
ସଜଳ ମଲ୍ଲୀ ମାଳ ।

ତୁମେ କୁହ ପ୍ରେମ ଫୁଜିଆମାର
ଲେଲିହାନ ଲାଭା
ମୁଁ କହିବି ସିଏ ପୁନେଇଁ ଜହ୍ନର
କାନ୍ତ କୋମଳ ଆଭା ।

ତୁମେ କୁହ ପ୍ରେମ ପଥର ଶିଉଳି
କଅଁଳ ମନର ପାପ
ମୁଁ କହିବି ସିଏ ହୃଦୟ ଭିତରେ
ନୀରବେ ଜଳନ୍ତା ଦୀପ ।

ତୁମେ କୁହ ପ୍ରେମ କାଳିଜାଇ ଗଣ୍ଡେ
ଭଉଁରୀ ଭିତର ନାଆ
ମୁଁ କହିବି ସିଏ ଚଇତାଳି ଛୁଆଁ
ମନ୍ଦ ଶୀତଳ ବାଆ ।

ତୁମେ କୁହ ପ୍ରେମ ଜୀବନ ସମୁଦ୍ରେ
ଆକାଶ ଛୁଆଁ ଝଡ
ମୁଁ କହିବି ସିଏ ରାଜପୁତ୍ରର
ଯୁଦ୍ଧରେ ଜିତା ଗଡ ।

■

ରାତ୍ରିର ପ୍ରଥମ ପର୍ବ

ରାତ୍ରିର ପ୍ରଥମ ପର୍ବ
ମନର ଭଅଁର ଆଜି
ତୁମ ଗୀତ ରହି ରହି ଗାଏ

କେମିତି ସହିବ କୁହ
ରାତ୍ରିର ଅଝଟ ପଣ
ବିରହର ଶ୍ରାବଣରେ
ଏଇ ତନୁ ମନ ଭିଜୁଥାଏ

ଯେ ଦୁନିଆ ପ୍ରହେଳିକା
ତୁମେ ଏକା ଚିରନ୍ତନ ସତ୍ୟ
ତୁମରି ପରଶ ଦେଇ
ଦୁର୍ବିସହ ଯନ୍ତ୍ରଣାରୁ
କର ମୋତେ ମୁକ୍ତ

ମୁଁ ଏକ ଅନ୍ଧାର ରାତି
ପ୍ରିୟତମ !
ଉଦୟନ ସୂର୍ଯ୍ୟ ସମ
ତୁମେ ଅନୁପମ ।

ମନ

(୧)
ମଥାକୁ ମଣିମାଣିକ୍ୟ ଖଚିତ ମୁକୁଟ
ବିରାଜିବାକୁ ରତ୍ନ ସିଂହାସନ
ସବୁ ଖଞ୍ଜେଇଲି - ମନ୍ତ୍ରୀ, କଟୁଆଳ,
ପାର୍ଷଦ, ସେବାକାରୀ
ସୁରା, ସାକୀ, ଗାୟନ, ବାଦ୍ୟ।

ସବୁକିଛି ଆଡେଇଦେଇ
ଦୌଡିଲା ହୁତ୍‌ହୁତ୍ ଜଳୁଥିବା
ଘଞ୍ଚ ଅରଣ୍ୟକୁ, ଶାନ୍ତି ଖୋଜିବାକୁ।

ଫରୁଆରେ ବନ୍ଦକରିଦେଲି
ଫରୁଆକୁ ସିଂଦୁକରେ
ସିଂଦୁକରେ ତାଲା, ତାଲାରେ ଜଉମୁଦ
ଚାବିକୁ ଫିଙ୍ଗିଦେଲି ସାତତାଳ ସମୁଦ୍ରରେ
ଆସି ଦେଖେତ
ସୁନାପିଲାପରି ଚୁପ୍‌ଚାପ୍ ବସିଅଛି
ତୁମରି କୋଳରେ।

ମନ, ଏବେଏବେ ଲାଇସେନ୍ସ ମିଳିଥିବା
ଟିନ୍‌ଏଜ୍‌ଡ ଝିଅଟିଏପରି

ହାଇୱେରେ ଗାଡି ଚଲୋଉଛି,
ଝାଳନାଳ ହୋଇ
ପବନ ତା' ପଛେପଛେ
ପଡ଼ିଉଠି ଜୋର୍‌ରେ ଧାଉଁଛି।

(୨)
ମନ ଦେଲି
ଆକାଶର ନୀଳ ଦେଲି
ଶରତ ସକାଳ ଦେଲି
ଫୁଟନ୍ତା ତମାଳ ଦେଲି
ଭାବିଥିଲି ମୃଗର କସ୍ତୁରୀ ପରି ସାଇତିବ
ଗଭାରେ କି କାନିରେ ବାନ୍ଧିବ।

କହିଲ, ମନକୁ କିଏ କଣ ବାନ୍ଧେ
ଏବେ ମୋର ଆକାଶରେ ଉଡିବାର ବେଳ
ମିଟିମିଟି ଜଳୁଥିବା ନକ୍ଷତ୍ରମାନଙ୍କୁ
ସାଉଁଟିବାର ବେଳ
ମନ ନୁହଁ , ପକ୍ଷୀରାଜ ଘୋଡା ଲୋଡା।

ପାରିବତ ଦିଅ, ଘୋଡାକୁ ଦୌଡାଇବା ପାଇଁ
ଗୋଟେ ଚାବୁକ୍ ଲୋଡା।

■

ଖରାଦିନର ହାଇକୁ

(୧)
ସମୁଦ୍ରକୂଳ :
ନାଲିକଙ୍କଡାର ଦେହ ପରି
ବିଦେଶିନୀର ଖୋଲାପିଠି
ଖରାଖେଳ ।

(୨)
ତତଲାବାଲି ଉପରେ ମାଛ :
ସାରା ଦ୍ୱିପ୍ରହର
ଫଡ଼୍‌ଫଡୋଉଛି ମଣିଷ ।

(୩)
ନପୁଂସକ ନଈ
ଖଜୁରିଗଛ ଛାଇ -
ନା ଘରର ନା ଘାଟର ।

(୪)
ବୈଶାଖର ବନ୍‌ସିକଣ୍ଟା :
କେଞ୍ଚୁଅ ବି ମଣିଷ
ମାଛ ବି ମଣିଷ ।

(୫)
ପ୍ରଜାପତି ମନ :
ତରୁଣୀର କଳାଚଷମାରେ
ନଜରବଂଦୀ ଖରାଦିନ ।

(୬)
ଝାମ୍ପୁଆ :
ପ୍ରତିଟି ପଦପାତରେ
ଆଗ୍ନେୟଗିରିର ନିଆଁ
ପିଠିସାରା ଓହଳିଛି ବୈଶାଖ
ଓଠରେ କୃଷ୍ଣଚୂଡ଼ାର ହସ ।

(୭)
ଅଜୟ ଯାତ୍ରା :
ଖରାର
ଶାଗୁଣାର ପିଠିରେ ସବାର ।

(୮)
ସୂର୍ଯ୍ୟ ହାତରେ ଚକ୍‌ଚକ୍
ବାର ହାତି ଖଣ୍ଡା –
ଛେଳିପରି
ଓଲଟା ଲଟକିଛି ପୃଥିବୀ ।

(୯)
ପଥର ଆଖିରେ
ଜକେଇ ଆସୁଛି ଲୁହ –
ଟାଙ୍ଗର ଜମିରେ
ହୁତ୍‌ହୁତ୍ ହୋଇ
ଜଳୁଛି ଚଷାପୁଅ ।

(୧୦)
ଖରାଦିନର ଟାପୁ:
ଲନ୍ ଯୁଦ୍ଧକ୍ଷେତ୍ର
ଘାସ ପରାଜିତ ସୈନିକ।

ହୋରିର ଚାରୋଟି ଚିତ୍ର

(୧)
ତୁମେ ହସିଦେଲେ ଲାଗେ
ପିଚକାରୀରୁ ଏକାବେଳେ
ଛିଟକି ପଡୁଥିବା
ଲାଲ୍, ନୀଳ, ହଳଦିଆ
ଓ ସବୁଜ ରଂଗରେ
ଭିଜିଯାଉଛି ମୋର ସତ୍ତା
ଓଠକୁ ଉତୁରିଆସନ୍ତି ଶବ୍ଦ
ଲେଖିହୋଇଯାଏ କବିତା ।

(୨)
ହୋରି ଖେଳିବା ପୂର୍ବରୁ
ଆସ ଝାଡିଝୁଡିଦେବା
ହୃଦୟରେ ବସିଯାଇଥିବା
ବହଳ କଳା ରଂଗର ଧୂଳି ।

(୩)
ଆଖିରେ ଅନେକ ସ୍ୱପ୍ନ
ତନୁରେ ଅଳସ
ବସନ୍ତ ଝୁମୁଛି ଏଠି ଢାଳିଦେଇ
ଭାରଭାର ମହୁର କଳସ ।

ଆଖିତାର ଢଳଢଳ
ଗହୀରିଆ କାଳିଯାଇ ଗଣ୍ଡ
ପବନ କରିଛି ଚୋରି
ତା ଦେହର ମଧୁର ସୁଗନ୍ଧ
ମନ ତାର ପଦ୍ମପତ୍ର
ପାହାନ୍ତିଆ ମହାନଦୀ ତୁଠ
ଅଗଣାରେ ଫଗୁଣଙ୍କ ଚର୍ଚ୍ଚା ଚାଲେ
କିଏ ଆଗ ଛୁଇଁବ ତା
ରଙ୍ଗମଖା ପଳାସିଆ ଓଠ।

(୪)
ଚଳନ୍ତା ବସରୁ
ଫିଙ୍ଗା ଯାଇଥିବା
ନିଷ୍ପାପ ଲହୁର ଲାଲ୍ ରଂଗରେ
ଜୁଡୁବୁଡୁ ମାଟିର ପଣତ
ଆଲକାତରା ଟିଣରେ
କାଳକାଳ ଡୁବି ରହିଛି
ଆମର ହାତ।

ନାରୀର ଛଅଟି ଚିତ୍ର

ମା

ଆଖି ଆଢୁଆଳୁ ଲୁଚିଗଲେ ପୁତ୍ର
ମନ ନ ଲାଗଇ କାହିଁ
ଜଗି ବସିଥାଏ ଫେରିବା ବାଟକୁ
ପଲକ ପଡଇ ନାହିଁ।

ପତ୍ନୀ

କଥା ଦେଇ ଅଛି ଜନ୍ମ ଜନ୍ମ ଯାଏ
ସାଥିରେ ରହିବା ପାଇଁ
ଯେତେ ଝଡ ଝଞ୍ଜା ଆସିଲେ ପଥରେ
ହାତ ସେ ଛାଡିବ ନାହିଁ।

ପ୍ରେମିକା

ଦୂର ପରବତ ଦୂରରୁ ସୁନ୍ଦର
ଝରେ ଅସରନ୍ତି ମହୁ
ଛୁଇଁଦେଲେ ଲାଗେ କଳଙ୍କର କଳା
ନଛୁଇଁଲେ ଦାଉଦାଉ।

ଭଉଣୀ

ସୁତା ଖିଏ ଦେଇ କଥା ଯାଏ ନେଇ
ଜୀବନ ଯାକର ସ୍ନେହ
ଦୂରେ ଥାଇ ଶୁଭ ମନାସୁଥାଏସେ
ଝରାଇ ଆଖିରୁ ଲୁହ।

ବାନ୍ଧବୀ

ଦୁନିଆ ଦୁଆରେ ତାଲା ପଡିଗଲେ
ତା ଦୁଆର ଖୋଲା ଥାଏ
ଦୁନିଆ ଯାହାକୁ ବୁଝି ପାରେ ନାହିଁ
(ସେ) ସହଜରେ ବୁଝି ଯାଏ।

ଝିଅ

ଯେତେ ଦିନ ଯାଏ ଘରେ ଥାଏ ସିଏ
ପୁନେଇଁ ରାତିର ଜହ୍ନ
ମା ବାପାଙ୍କର ଛାତି ଫାଟି ଯାଏ
ଶାଶୁ ଘର ଗଲା ଦିନ।

ନୂଆବର୍ଷ

ତୁମେ ପାଦ ଥାପିବ ବୋଲି
ମୁଁ ପାପୁଲି ପତେଇ ଦିଏ।

ତୁମେ ପାଦ ରଖୁ ରଖୁ
ତୁମର କଇଁଫୁଲିଆ କୋମଳ ପାଦରେ
ମୁଁ ପ୍ରୀତିର ପାଉଁଜି ପିନ୍ଧାଏ।

ମହାର୍ଘ ମହୋତ୍ସବରେ
ମହାମହିମଙ୍କ ଭଳି
ଆଦ୍ୟସ୍ୱରର ପାଲିଙ୍କିରେ ବସି
ତୁମେ ଆସ।

ତୁମର ପ୍ରଥମ ପଦପାତରେ
ଶିହରିଉଠେ ସାରା ସଂସାର
ବୈଜୟନ୍ତି ମୁର୍ଚ୍ଛନାର ଅନନ୍ତ ରାଗିଣୀରେ
ସ୍ପନ୍ଦିତ ହୋଇଉଠେ ସମୟ
ଲହରେଇଯାଏ ସମୁଦ୍ର
ଶଙ୍ଖ ହୁଳହୁଳି ଜୟକାରରେ
କମ୍ପିଉଠେ ଗଗନ ପବନ
ପଲ୍ଲବି ଉଠେ ଚଉଦିଗ
ମନ ମଧୁବନ।

ସବୁ ଠିକ୍‌ଠାକ୍ ଚାଲିଥିଲାବେଳେ
ଅକସ୍ମାତ୍ କେଉଁଠି କିଛି ଭୁଲ୍ ହୋଇବସେ
ନଦୀପଠାରେ କିଏ ଲୁଣ୍ଠିତ ହେବାର
ଖବର ଆସେ।
ମୁଁ ପିନ୍ଧେଇଥିବା ପାଉଁଜି
ତୁମ ପାଦରୁ ଉତାରି
ଚଳନ୍ତାବସ୍‌ରୁ ଫିଙ୍ଗାଯାଏ।
ତୁମର ଗୋଲାପି ଉତ୍ତରୀ
ଅତଳତଳ ଭଉଁରୀରେ ସ୍ଥିତି ହରାଏ।
ମଝି ବଜାରରେ ତୁମେ ଗଣଧର୍ଷିତା ହୁଅ
ଭୋଟ୍‌ବ୍ୟାଙ୍କ୍ ଆଧାରରେ
ତୁମର କରୁଣ ଚିତ୍କାର
ପାର୍ଲିଆମେଣ୍ଟରେ ବଣ୍ଟାଯାଏ।
ତୁମର ଫଟୋ ଛପେଇ
ଖବରକାଗଜ ସର୍ବାଧିକ ବିକ୍ରୀର ରେକର୍ଡ ଭାଙ୍ଗେ।
ସହରବଜାର ଗଳିକନ୍ଦିରେ
ସଭାସମିତି ଓ ମହମବତୀର ଶୋଭାଯାତ୍ରା କାଢି
ନୂଆନୂଆ ନେତା ଜନ୍ମ ନିଅନ୍ତି।
ଇତିହାସରେ ତୁମେ କଳଙ୍କିତ ବୋଲି ଘୋଷିତ ହୁଅ।
ମୋର ଆଖିଲୁହ ସେ କଳଙ୍କର ଦାଗକୁ
ଧୋଇପାରେନା।
ହାତି ଘୋଡା ଦେବା ସତ୍ତ୍ୱେ ବି
ପେଁକାଳି ସୁର ଧରେନା।

ତଥାପି ନୂଆ ଏକ ଆଶାନେଇ
ପୁଣିଥରେ
ତୁମେ ପାଦ ଥାପିବା ପୂର୍ବରୁ
ପାପୁଲି ବଢାଏ।

■

ଭଲକଥା ସବୁ

କେତେ ଭଲ ସେ ଛୋଟ ପୋଖରି
ଆଉ ତାର ଦଳଭର୍ତ୍ତି ପଙ୍କିଳ ପାଣି
ଯିଏ ସବୁଦିନ
ଏତେ ସୁନ୍ଦର ସତେଜ ଧଳାଧଳା କଇଁଫୁଲଙ୍କୁ
ତା ପଣତରେ ଧରିଥାଏ ।

କେତେ ଭଲ ସେ ପାଚିଲା ଧାନକ୍ଷେତ
ଯାହା ଦେହରେ କୁନିକୁନି ଚଢେଇମାନେ
କିଚିରିମିଚିରି ଗୀତ ଗାଇ
ଖୁସି ମନରେ ଡେଇଁବୁଲୁଥାନ୍ତି ।

କେତେ ଭଲ ସେ ଗହଳିଆ ଗଛ
ଯିଏ ବସା ବାନ୍ଧିବା ପାଇଁ
ପକ୍ଷୀମାନଙ୍କୁ ନିଃସର୍ତ୍ତରେ ପତ୍ରଭରା
ଡାଳ ଦେଇଥାଏ ।

କେତେ ଭଲ ସେ ଆକାଶ
ଯିଏ କଳା ବାଦଲମାନଙ୍କୁ
ଏକାଠି କରି ସୁଶୀତଳ
ମେଘର ଉପହାର ଦେଇଥାଏ ।

ଆମେ ପ୍ରତିଦିନ ଏମିତି
କେତେ କେତେ
ଭଲକଥା ଦେଖିଲାପରେବି
କାହିଁକି ବୁଝିପାରୁନା କିଛି ?

ସରିଆସୁଥିବା ଗପ

(ସିଲ୍‌ଭିଆ ପ୍ଲାଥଙ୍କୁ ଶ୍ରଦ୍ଧାଞ୍ଜଳୀ)

ପ୍ରତ୍ୟେକ ରାତି ଠିକ୍ ଏକା ପରି ।

ହଠାତ୍ ନିଦ ଭାଙ୍ଗିଯାଏ
ମୁଁ ଉଠି ବସେ
ବହଳ ଅଂଧାର ଧାରରେ
ଆଖି କିଛି ଖୋଜେ ।

ଡିଜିଟାଲ୍ ଘଣ୍ଟାର ଉଜ୍ଜ୍ୱଳ ଲାଲ୍ ସଂଖ୍ୟା
ଜିଭରେ ନାପାଭାଲି ଲାଲ୍ ୱାଇନ୍‌ର
ହାଲ୍‌କା ହାଲ୍‌କା ସ୍ୱାଦ
ସାଇଡ୍ ଟେବୁଲ୍ ଉପରେ
କେବେଠୁ ଥୁଆହୋଇଥିବା
ଖୋଲା ପେନ୍, ଅଧଗ୍ଲାସ୍ ପାଣି
ଘର ଭିତରେ ଏମିତି କିଛି ମିଳିଯାଏ,
କାଚଝର୍କାରୁ ଟିକେ ଖସିଯାଇଥିବା
ପର୍ଦ୍ଦା ଫାଙ୍କରୁ
ଆକାଶ ନିଃସଙ୍ଗ ଦିଶେ ।

ଆଉ କିଛି ଦେଖା ଯାଏନା ।

ମୁଁ ତୁମକୁ ଖୋଜେ
ଓ ମୋତେ ଖୋଜୁଥିବା ତୁମ ଦୁଇ ଆଖିଙ୍କୁ
ଦେଖିବାକୁ ଚାହେଁ ।

■

BLACK EAGLE BOOKS

www.blackeaglebooks.org
info@blackeaglebooks.org

Black Eagle Books, an independent publisher, was founded as a nonprofit organization in April, 2019. It is our mission to connect and engage the Indian diaspora and the world at large with the best of works of world literature published on a collaborative platform, with special emphasis on foregrounding Contemporary Classics and New Writing.

www.ingramcontent.com/pod-product-compliance
Lightning Source LLC
Chambersburg PA
CBHW060614080526
44585CB00013B/818
* 9 7 8 1 6 4 5 6 0 6 2 6 0 *